Hans – Georg Wigge

AF279836

Himmelwärts

Besinnliche, satirische, humorvolle Kurzgeschichten, Zitate, Parabeln, Anekdoten, Essays, Erzählungen und Märchen

Mein ganz besonderer Dank geht an das Team der Sennebücherei Hövelhof, welches mich in der Anfangszeit meiner Hobbyschriftstellerei durch einige Lesungen ermutigte, mit dem Geschriebenen an die Öffentlichkeit zu gehen und an Arno Backhaus, dem Meister des gepflegten christlichen Humors, der mir genehmigte einige seiner köstlichen Zitate für dieses Buch nutzen zu dürfen.
www.arno-backhaus.de   die Homepage
www.arnobackhaus.de   der shop mit tollen Artikeln

ISBN: 9783757817794
Herstellung und Verlag: BoD – Books on Demand Norderstedt

Prolog:

Viele Hobbyautoren träumen davon, irgendwann etwas Lesenswertes zu schreiben. Auch mir erging es so. Im zarten Alter von 40 Jahren schrieb ich damals meine ersten Zeilen für Publikationen. Leider hat es nicht zum Literaturnobelpreis gereicht. Übriggeblieben ist nach vielen von Verlagen abgelehnten Manuskripten eine kleine treue Leserschar, die sich an meinen bei der Self-Publishing-Plattform Books on Demand GmbH (Publikationsdienstleistungen für Verlage und Selbstpublikationen) erschienenen Gedichten und Geschichten erfreuen konnte. BoD bot mir trotz bescheidener Verkaufszahlen einen hochqualitativen, fairen und preiswerten Service. Ein aus meiner Sicht nicht zu unterschätzender Vorteil dieses Selbstpublizierens ist die Freiheit des Autors, ohne die Grenzen des Anstands zu überschreiten und ohne Rücksicht auf Gewinnmaximierung, fröhlich in das ein oder andere Fettnäpfchen treten zu können und nicht der Political Correctness Tribut zollen zu müssen. Ein auf Verkaufszahlen angewiesener Verlag muss hingegen bei Herausgabe von Büchern vorrangig die Wirtschaftlichkeit im Auge behalten. Da ich meine Veröffentlichungen handwerklich ohne jede Unterstützung bis zum Druck selbst vorbereite, nehme ich eventuelle Rechtschreibfehler wie auch fehlerhafte Zeichensetzung als Autodidakt auf meine Kappe und bitte sie zu entschuldigen. Wer sie findet, mache das Beste daraus. Sollte das Produkt überhaupt nicht gefallen, so kann es immer noch dazu dienen, ein zu kurzes Tischbein auszugleichen. Also greifen sie zu. Viel Vergnügen mit dem teils neuen, teils alten Geschriebenen. Ein herzliches „Danke schön" an alle die meine schriftstellerischen Ergüssen bisher mit Erbauung genossen haben sagt ein „Dorfpoet".

Inhalt:

Eine Geschichte über die inflationäre Suche der Fernsehsender, unter teils menschenverachtenden Urteilen einer Jury von sogenannten „Experten", nach irgendwelchen Talenten, die „Deutschland sucht und sucht und sucht ..."

Unter der Schale

Mia stieg in ihren knallroten Ferrari. Sie warf noch einen kurzen Blick aus alkoholgeröteten Augen auf ihre schneeweiße, im südländischen Stil erbaute Prachtvilla. Nachdem sie aus der beidseitig mit Pappeln gesäumten, achthundert Meter langen Ausfahrt ihres Grundstücks gebogen war, sah sie im Rückspiegel, dass ihr ein dunkler Kombi folgte. Der Typ nervte. Es war ein besonders aufdringlich und hartnäckig agierender Paparazzo der Regenbogenpresse. Wie immer schien er auf der Suche nach Storys von Skandalen der sogenannten Prominenz zu sein, um seine danach lechzende Leserschar zu befriedigen. Mia erschien das so aufregend, als sehe man Farbe beim Trocknen zu. Der Preis von Mias Ruhm war hoch und forderte an diesem Tag seinen Tribut - ihr Leben. Exakt vor vier Jahren begann für Mia eine Traumreise, die sie ihrem Manager Moses McFinn verdankte. Damals wohnte sie mit Bernie in einem Sechsfamilienhaus im Parterre und hatte bei offenem Fenster Kartoffeln geschält. Moses McFinn, Inhaber einer Künstleragentur, dessen Klientel in letzter Zeit eine bescheidene Erfolgstrefferquote zu verzeichnen hatte, warf einen Blick in das offen stehende Fenster auf jene Frau, die virtuos mit einem sehr scharf aussehenden Schnippelmesser eine Kartoffel bearbeitete. Fasziniert blieb Moses stehen. Die unglaubliche Schnelligkeit, die Präzision und die anmutigen Bewegungen der feingliedrigen Finger von Mia zogen ihn in seinen Bann. Moses ahnte sofort, welches großartige Potential ihm hier auf dem Silbertablett präsentiert wurde. Zwei Stunden später war er Mias neuer Manager. Seine erste Amtshandlung lief auf einen Künstlernamen von Mia, die mit Nachnamen Müller hieß, hinaus. Müller war ein Name, der der Individualität einer Künstlerin nicht unbedingt Auftrieb bescherte. So wurde aus Mia Müller Mia Potato. Des Anfangs verlief die Karriere schleppend. Noch lohnte sich die Auflage von Autogrammkarten nicht, obwohl Mia schon nach kurzer Zeit das ein oder andere Mal ihren Namenszug bei Auftritten in Supermärkten in ein mitgebrachtes Kochbuch oder auf eine Schürze setzte. Dann hatte Moses bei der großen Samstagabendshow des öffentlich-rechtlichen Fernsehens, "Wetten dass", einen Videoclip eingereicht, in dem Mia eine Kartoffel innerhalb von 11,23 Sekunden von Schalen, Keimen und Augen befreite. Sie wetteten, dass es Mia gelänge, zehn Kartoffeln schneller zu schälen als Deutschlands bester Viersternekoch. Überraschend wurden sie zum Casting eingeladen und ihre Wette angenommen. Mia brachte jenem Meisterkoch eine vernichtende Niederlage bei. Danach mutierte sie zum begehrten Medienstar. Ob rund, knubbelig, eckig, weich, zäh, roh oder gekocht, niemand schälte Kartoffeln schneller als Mia. Messerfabrikanten wedelten mit hoch dotierten Werbeverträgen. Moses vermarktete jeden Finger. Bei öffentlichen Auftritten wurde der Schriftzug des Sponsors mit wasserdichter Tinte auf den einzelnen Fingern angebracht. Den Daumen sicherte sich Pfanni Kartoffelknödel, der Zeigefinger ging an einen Nagelfeilenhersteller aus England. Der Mittelfinger wurde zur Werbefläche für L'Oreal – Nagellack, den vierten Finger zierte ein Schriftzug des Juweliers Christ. Mia, die immer praktisch dachte, hatte darauf bestanden, dass auch die Fangruppe der eher ungeschickten Hausfrauen zu ihrem Recht kam. Somit schmückte den kleinen

Finger eine Werbung für Hansaplast. Bald bekam sie kräftigen Gegenwind von Frauenrechtlerinnen. Sie erweise den Frauen einen Bärendienst. Sie propagiere „zurück zum Heimchen am Herd". Moses gab eine Pressekonferenz in deren Verlauf er mit Bauernschläue darauf hinwies, dass Mia ein Lebensmittel bearbeite, welches einen Inhaltsstoff beherberge, der förmlich ein Sinnbild für die moderne Frau sei, nämlich Stärke. Danach gab es kein Halten mehr. Kartoffeln mutierten innerhalb eines Jahres zur Lieblingsspeise der Deutschen. Die Verkaufspreise für die von Mia benutzten Schnippelmesser schossen in die Höhe. Den Kartoffelschälweltmeistertitel nahm sie im Vorbeigehen mit. Es gab mittlerweile ein Mia Potato Modelabel, dessen Erfolg man beim Blick in die Einkaufsstraßen der Großstädte an dem einheitlichen, überwiegenden Kartoffelbraun der weiblichen, teils aber auch der männlichen Bekleidung ablesen konnte. Auch Mias Kindermodemarke „Kid Knolle" hob ab wie eine Rakete. Wer etwas auf sich hielt und hipp sein wollte trank Kartoffelschnaps der Marke Mias Knöllchen. Schönheitschirurgen wurden der Anfrage nach Kartoffelnasen kaum noch Herr. Ein bekannter Fernsehpastor ließ Kartoffelkochwasser von Mia segnen und verkaufte es zu horrenden Preisen. Die zuerst ausgebuchten VHS-Kurse waren deutschlandweit „Laufen auf heißen Kartoffeln", „Schälen beim Erzählen" und „Kartoffeln, Herkunft und Zukunft der Erde". Der von Mia zusammen mit einem Esoterikguru geschrieben Lebensratgeber „Die universelle Kraft der Kartoffel" führte wochenlang die Bestsellerlisten Sachbuch an. Eine große deutsche Autofirma brachte einen „Kartoffelkäfer Edition Mia" auf den Markt. Der Kartoffelkanal, auf dem Hellseher an Hand der Augen, Keime und Färbungen der Kartoffeln die Zukunft voraussagten, ging auf Empfang. Mias Autobiografie „Geschälte Jahre" pulverisierte alle Verkaufszahlen. Bei den beliebtesten Mädchenvornamen des Jahres wurden die

Plätze eins bis vier von Hansa, Sieglinde, Linda und Cilena belegt. Der Kartoffelkäfer wurde das Insekt des Jahres. Die Schmuckkollektion „Miamant" mutierte zur Geschenkidee des Weihnachtsfestes. Mias Schnippelmessersponsor brachte jedes erdenkliche Schnippelmesser, auf Wunsch sogar diamantbesetzt, auf den Markt. Ihr Bild zierte fast jede Schürze rund um den Erdball. Selbst ihre erste Single „Jeder Stoffel isst Kartoffel" blockierte 14 Wochen die Spitzenposition der Charts. Ihre eigene Show „Deutschland sucht den Spitzenschäler" war der Quotenrenner schlechthin. Als sie im Alter von 42 Jahren an Arthrose der Fingerknochen erkrankte, wählten viele ihrer Fans, die die ganze Woche dafür lebten Mia am Wochenende im TV, oder sogar in irgendeiner Halle oder einem Stadion live zu sehen und deren Leben von Sieg oder Niederlage Mias in der mittlerweile gegründeten Kartoffelbundesliga abhing, den Suizid. Sondersendungen berichteten tagelang über das plötzliche Ende ihrer Karriere. Das erste Programm sendete zahlreiche Brennpunkte nach der Tagesschau, in denen von Experten jeglicher Couleur das Für und Wider der Fortsetzung von Mias Karriere unter eventuellem Einsatz von Medikamenten diskutiert wurde. Talkshows thematisierten wochenlang Mias Arthrose. Künstliche Fingergelenke entfachten eine neue Debatte um Vorteil oder Nachteil von Prothesen im Leistungssport. Mia erklärte tränenreich ihren Rücktritt und zog sich aus der Öffentlichkeit zurück. Kurz darauf tauchte ihr Name auf einer aus der Schweiz angekauften CD der Steuerfahndung auf. Mia, die bis zum schmerzlichen Ende ihrer unglaublichen Karriere kaum einmal Gegenwind bekommen hatte, wurde danach von den Medien zerrissen und Tag für Tag ein größerer Freund ihres eigenen Kartoffelschnaps. Am Abend des 05. Mai fand ihr Mann Bernie sie nach der Heimkehr aus dem Golfclub mit durchschnittenen Pulsadern in der Badewanne. Der Notarzt konnte

nur noch ihren Tod feststellen. Das Kartoffelmesser drehte an-
klagend langsame Kreise auf dem rot gefärbten Wasser und
hinterließ eine Spur, in der Bernie einen lachenden Totenkopf
zu erkennen meinte.

*Ich kann Gott nicht die Ehre ge-
ben, indem ich versuche, mir
selbst ein Denkmal zu bauen.*

ISNAH EGGIW

Am 16. November 2015 fand in Dresden die erste De-
monstration der „Patriotischen Europäer gegen die Is-
lamisierung des Abendlandes" kurz PEGIDA statt. Sich
selbst als Christen bezeichnende Demonstranten such-
ten den Schulterschluss mit vorbestraften Neonazis,
Verschwörungstheoretikern, Querdenkern und trugen
als Höhepunkt der Blasphemie gar ein schwarz-rot-
goldenes Kreuz durch die Gegend. Was ich selbst dazu
„quergedacht" habe, findet sich in:

EXODUS

Meier strahlte vor überbordender Vorfreude. Die Arbeit ging
ihm leicht von der Hand. Heute zeigte er sich seinen Kollegen
von seiner freundlichsten Seite. Nur noch wenige Stunden,
dann war der wohlverdiente Urlaub erreicht. Acht unbe-
schwerte Tage in einer herrlichen Ferienanlage in Marokko er-
warteten ihn, seine Frau und ihre beiden Kinder. Er freute sich
darauf, einmal ohne jegliche Verpflichtung die Seele baumeln
zu lassen. Endlich durften sie für einen kurzen Zeitraum aus
dem Hamsterrad des Alltags aussteigen. Noch ahnte er nicht,
von welch zarter Zerbrechlichkeit die Gedankenspiele der Men-
schen manchmal sein konnten. Trotzdem die Katastrophenmel-
dungen aus aller Welt ihn eigentlich eines Besseren hätten be-
lehren müssen, glaubte er voller Vertrauen an die Intelligenz
der Erdbewohner seiner Spezies und dass diese die Natur im
Griff hätten. Vielleicht waren die Menschen aber mittlerweile
so abgestumpft, dass das Gehirn Katastrophen nur noch in den
dunklen Aktenregalen der Mitleidslosigkeit und der Abge-

stumpftheit ablegte. Auf dem Heimweg wollte Meier sich eigentlich mit sommerlicher Popmusik einen weiteren Endorphinschub verpassen. Doch auf allen Sendern liefen Eilmeldungen desselben Themas. Der Bardabunga, seines Zeichens der größte Vulkan Islands, hatte in der Nacht begonnen, Feuer zu spucken und Experten hielten einen gigantischen Ausbruch für kurz bevorstehend. Meier registrierte das nebenbei ohne sich seine gute Laune verderben zu lassen. Wen interessierte schon ein Vulkan in Island wenn acht herrliche Tage Strand und Sonne in seinem Kopfkino liefen? In den Tagen zuvor hatte er gemeinsam mit den Kindern bereits anhand einer akribisch aufgestellten Liste das Gepäck zusammengestellt, bevor es die Gewichtsendkontrolle durchlief. Die Waage war zum meist genutzten Gebrauchsgegenstand des Haushalts mutiert, erinnerte er sich schmunzelnd …

Nach einem letzten Kontrollgang über ihr großzügig bemessenes Grundstück ließ sich Meier gegen 20.00 Uhr seufzend in seinen Fernsehsessel fallen, um sich von der Tagesschau mit den Neuigkeiten des Tages versorgen zu lassen bevor er diesem Ritual für einen kurzen Zeitraum untreu wurde. Wie für Millionen andere Mitmenschen brach innerhalb der nächsten zehn Minuten auch seine kleine, heile Welt in sich zusammen. Mit Grabesstimme verkündigte ein sichtlich mitgenommener Nachrichtensprecher, dass der größte isländische Vulkan, der Bardabunga, um 15.37 Uhr ausgebrochen sei. Jeder Vorhersage zum Trotz habe es eine Eruption gegeben, die selbst Experten nicht für möglich gehalten hätten. Im Umkreis von 600 km bestehe keine Hoffnung auf Überlebende. Eine riesige Aschewolke, von der Konsistenz so dick wie Schnee, bewege sich im Zeitlupentempo Richtung Europa. Diese werde in den nächsten 24 Stunden Deutschland erreichen. Die Folgen wären, dass der Himmel sich derart verdunkelte, dass es über Tage oder sogar Wochen selbst mittags dämmrig bliebe. Asche würde Abwasserrohre blockieren, Mobiltelefone lahmlegen und Generatoren verkleben. Auch viele Flüsse wären verstopft. Diese Asche läge knietief und Häuser liefen Gefahr, beim nächsten Regen unter dem Gewicht des massiven, schweren Wasser-Asche-Gemisches zusammenzubrechen. Der Vulkanauswurf würde die Felder der Landwirte bedecken. Alle frei laufenden Tiere wären dem Tod ausgeliefert und ohne Atemschutz auch viele Menschen. Der vulkanische Winter würde Jahre andauern und voraussichtlich über einen langen Zeitraum keinerlei Anbau von Obst oder Gemüse mehr ermöglichen. Unausweichliche Hungersnöte ständen den betroffenen Ländern bevor. Direkt und indirekt könnten mehr als eine Milliarde Menschen durch diese Supereruption sterben. „Und nun wendet sich unsere Bundeskanzlerin an sie", beendete der Ansager die Hiobsbotschaft. Meier wartete darauf, dass jeden Moment dieser „Verstehen sie Spaß" Clip, welcher sich offensichtlich an der Radioreportage „Krieg der Welten" orientierte, die 1938 in den USA in seiner Hörspielversion durch Orson Wells uraufgeführt wurde und für eine Massenpanik gesorgt hatte, als ein solcher erkennbar gemacht und beendet würde. Doch er wurde eines Besseren belehrt. Die Bundeskanzlerin erschien mit besorgter Miene und gramgebeugtem Oberkörper auf dem Bildschirm. Meier fiel sofort auf, dass ihre Hände, die wie immer ihre typische Raute bildeten, ein wenig zitterten. „Liebe Mitbürgerinnen und Mitbürger", begann sie ihre Rede, „als Politikerin und stolze Bundeskanzlerin dieses wunderbaren Landes ist es heute meine traurige Pflicht, die Bevölkerung, ohne etwas zu beschönigen, darüber zu informieren, dass eine Katastrophe, die in dieser Form nicht vorhersehbar war, auf unsere Bundesrepublik und viele andere europäische Nachbarländer zurollt. Innerhalb der nächsten 24 Stunden erreicht uns eine Aschewolke, die unser Land förmlich unter sich begräbt. Ich bitte alle Bürgerinnen und Bürger der Bundesrepublik den öffentlichen Katastrophenschutzorganisationen Folge zu leisten und vorerst Ruhe zu bewahren. Die Disziplin, der Ideenreichtum, der unser Land zu dem machte, was es heute ist, wird die Menschen dieser Republik erneut Wege finden lassen, mit der Katastrophe umzugehen, sowie individuell die Flucht zu planen und durchzuführen, um ihre Lieben und sich vorerst in Sicherheit zu bringen, davon bin ich fest überzeugt. Ganz besonders bitte ich sie darum, die Alten, Behinderten und Hilflosen nicht im Stich zulassen. Ich bin in Gedanken bei ihnen und werde alles mir Mögliche tun, um zu retten, was zu retten ist. Ich danke ihnen für ihre Aufmerksamkeit!" Den Ernst der Lage unterstrich die martialisch mit der Deutschlandhymne unterlegte Deutschlandflagge. Dann wurde der Bildschirm kommentarlos dunkel. Meier hockte sprachlos und vor Entsetzen wie gelähmt vor dem Fernseher. Nach dem ersten Schock raste er zum Wohnzimmerschrank und riss den Dokumentenkoffer mit den wichtigsten Dokumenten seines bisherigen Lebens an sich. Innerhalb einer halben Stunde saß er mitsamt seiner Familie, der er bestimmt, aber ohne Panik zu verbreiten, den Sachverhalt erklärte und seinen Notfallplan darlegte, im fix beladenen Pkw und machte sich auf den Weg zum Flughafen. Als pragmatisch denkender Familienvater, der wusste, wie man sich und seine Schäfchen ins Trockene brachte, erschien ihm die nächstmögliche sinnvolle Rettungsaktion vorerst der Flug in den Urlaub nach Marokko zu sein. Als Meier aus der Grundstückseinfahrt bog, warf er im Rückspiegel wehmütig einen letzten Blick auf die Deutschlandflagge, die den Fahnenmast vor seinem Haus zierte und schlaff herunterhing, als hätte auch sie jede Zuversicht verloren. Dann erreichte

13

er die Bundesstraße zum Flughafen. Er registrierte mit Entsetzen, dass Massen von Menschen die gleichen Gedanken hatten und ebenfalls versuchten, das Land hurtig per Flugzeug zu verlassen. Eine lange Autoschlange kroch Richtung Flughafen. Wohin man schaute bleiche, ratlose, entsetzte Gesichter. Die Ordnungskräfte hatten aufgegeben und ließen den Dingen nur noch ihren Lauf. Stunde um Stunde stand Meier mit seiner Familie im Stau. Im Sekundentakt erschienen neue Horrornachrichten auf dem Smartphone. Endzeitstimmung machte sich im Land breit. Das Display vermeldete erste Plünderungen in den Großstädten. Der Nahverkehr war völlig zusammengebrochen. Je näher sie mit ihrem Pkw dem Flughafen kamen, umso größer wurde das Chaos. Noch blieben einige Stunden bis zum gebuchten Flug. Etwa einen Kilometer vor dem Flughafen riss Meier der Geduldsfaden. Nicht einmal mehr im Schritttempo ging es voran. Er stellte den Motor ab, ließ sein Auto einfach stehen und macht sich mit seiner Familie und den Rollkoffern im Schlepptau zu Fuß auf die letzten tausend Meter. Die wütenden Rufe und das Hupen der anderen Autofahrer, die nun hinter dem verwaisten PKW zum Halten kamen, kratzten ihn nicht. Letztendlich war sich doch jeder selbst der Nächste. Er trieb seine Familie zur Eile an. Schon bald erreichten sie den Flughafen und begaben sich zum Check-in-Schalter. In der Abflughalle wimmelte es wie in einem Ameisenhaufen von herumirrenden, hilfesuchenden und angstvollen Menschen. Meier blickte zum Timetable um die Check-in-Schalternummer ihres Flugs zu ermitteln. Zum Glück befanden sie sich in dessen unmittelbarer Nähe. Schnell gab er dort die Personalausweise, Reisepässe und die Flugtickets ab. Dann stellte er die Koffer auf das Band und begab sich mit den Bordkarten zur Sicherheitskontrolle. Seine Familie, welche den Ernst der Situation immer noch nicht ganz begriffen zu haben schien, folgte ihm wie einst die Kinder dem

Rattenfänger von Hameln. Immer wieder trieb er sie zur Eile an. Ein Mitarbeiter des Flughafens gab über die Lautsprecheranlage durch, dass erst die Passagiere mit gültigen Flugtickets in die gebuchten Länder ausgeflogen würden und im Anschluss die Reisenden ohne Ticket sich an den Schaltern anstellen sollten. Soweit es die Kapazitäten erlaubten, würde Flieger auf Flieger die vor der Katastrophe Flüchtenden ausfliegen. Wie in Trance erreichte Meier mit seinen Familienmitgliedern das Flugzeug. Aus den Augenwinkeln sah er noch, dass die ersten Verzweifelten bereits versuchten, über die Zäune zu klettern, um das Rollfeld zu erreichen, jedoch von den aufmerksamen Sicherheitskräften teils gewaltsam daran gehindert wurden. Dann hatten sie endlich wohlbehalten ihre Sitzplätze gefunden und sanken erschöpft, doch trotz ihrer Perspektivlosigkeit auf widersprüchliche Weise erleichtert, in die Polster. Als das Flugzeug abhob, verbreitete sich eine gespenstische Aura der Hilflosigkeit und eine unheimliche Stille im Flieger. Verzweiflung, Trauer und Fassungslosigkeit wurden förmlich mit den Händen greifbar. Erst jetzt registrierten wohl die meisten das gebuchte Glück, welches sie in dieser Maschine sitzen ließ und sie vorerst vor dem Tod und der Vernichtung rettete. Meier aber wurde blitzartig die ganze Tragweite der Tragödie bewusst. Was war nach den acht Tagen Urlaub, schoss es ihm plötzlich durch den Kopf. Woher bekamen sie Geld für den Lebensunterhalt? Gab es überhaupt noch so etwas wie Banken? Wie war die Weltgemeinschaft auf solche Katastrophen vorbereitet? Wie groß war die Solidarität der restlichen Erdenbewohner mit den Schwestern und Brüdern, die wirklich alles verloren hatten? Welche Versicherungen existierten noch? An wen musste man sich zwecks Regulierung wenden? Alles, wirklich alles schien verloren. Sein lebenslanges Streben war umsonst gewesen und vergangen wie eine Schneeflocke im Hochsommer. Was nutzte ihm nun seine ganze Vorsorge? Rente, Lebensversicherung, Fonds, Geldanlagen, Güter, Immobilien, alles nur noch Schall und Rauch. Wenn auch die Erleichterung überwog, erst einmal in Sicherheit zu sein, erschien es ihm surreal, dass das alles umsonst gewesen sein sollte und von jetzt auf gleich verloren. Sein ganzes Leben war er seines Glückes Schmied gewesen und davon blieb im wahrsten Sinne des Wortes jetzt nur noch Asche. Er konnte nicht glauben, dass Tiere, Pflanzen, Gebäude, Plätze, geliebte Orte, ein blühendes Land, einfach alles in wenigen Stunden unter einer todbringenden Ascheschicht verschwunden sein sollte. Wie ging es nun in Marokko weiter? Sollte dieses Leben, das er als selbstverständlich betrachtet hatte, wirklich vorbei sein? War es nicht mehr gewesen als Monopoly, wo am Ende alles wieder in die Kiste kam? Meier fiel nach einiger Zeit in einen unruhigen, der Erschöpfung geschuldeten Dämmerzustand. Als er kurz vor Casablanca hochschreckte, gewann ein vorsichtiger Optimismus die Oberhand. Er betrachtete von der Seite das tränenverschmierte Gesicht seiner schlafenden Frau und die besorgten, auf ihn vertrauenden Gesichter seiner Kinder. Er durfte jetzt nicht auch noch Schwäche zeigen, wenn gleich ihn seine Ohnmacht tief beschämte. In einem wenig strukturierten Land wie Marokko musste doch einer hoch qualifizierten Familie wie der seinen alle Türen offen stehen und hatte Deutschland nicht vor zwei Jahren die Flüchtlinge aus Nordafrika mit einer viel gelobten Willkommenskultur empfangen? Vielleicht warteten sie in Marokko förmlich auf gebildete, gesittete Eliteflüchtlinge, wie sie es waren? Nach der Landung in Casablanca hielt das Militär sie in der Abflughalle gefangen und verwehrte ihnen das Verlassen, um per Bus zu den Urlaubsdomizilen gebracht zu werden. Die Abflughalle war von europäischen Flüchtlingen aller Herren Länder überflutet. Ein leidlich englisch sprechender Soldat versuchte ihnen über ein Megafon den Grund für ihre unfreiwillige Einkesselung klarzumachen. Vor der Halle hatten sich Tausende Demonstranten der Nanogedmo (Nationale Nordafrikaner gegen Europäisierung des Morgenlandes) versammelt, welche mit Knüppeln, Macheten und anderen bedrohlich aussehenden Gegenständen bewaffnet waren. Wenn Meier die Sprache beherrscht und die Schrift auf den Plakaten und Schildern hätte lesen können, dann wäre er mit Parolen wie „Wir sind Afrikaner und ihr nicht" und „Raus mit den Schweinefleischessern" konfrontiert worden. Verängstigt drückten sich seine Frau und seine Kinder an Meier. Seinem Sohn liefen Tränen der Angst über die Wangen und seine Tochter schaute mit schreckensgeweiteten Augen auf den Mob. Meier zerbrach es das Herz. Hilflos und ohnmächtig ballte er ob der Welle der Ablehnung und des Hasses die Fäuste. Er starrte auf die unwirkliche Szenerie und hoffte immer noch, aus diesem Albtraum zu erwachen, als sein Smartphone einen Ton von sich gab. Eine WhatsApp-Nachricht, welche am Vortag um 16.00 Uhr geschrieben worden war, hatte sein Gerät auf geheimnisvolle Weise erreicht.

Er las: Sei gegrüßt, Kamerad. Bei Twitter macht ein Gerücht von einem katastrophalen Vulkanausbruch die Runde. Unsere heutige PEGIDA Demonstration gegen dieses Flüchtlingspack fällt vorsorglich aus ...

Viele müssen erst die Hölle auf Erden erleben, damit sie erkennen, dass der Kreuzestod Jesu sie vor dem Original bewahrt.

ISNAH EGGIW

Welcher Autor träumt nicht davon, eines Tages einen Bestseller zu landen? Knapp 64000 neue Buchtitel erschienen z. B. im Jahr 2021 in der Bunderepublik Deutschland. Wünscht sich nicht jeder Mensch, dass etwas bleibt von seinem Wirken, dass er etwas bewegt hat in seinem Leben, wenn er nicht mehr ist? Neben Können, Talent und Wissen gehört manchmal auch einfach das Glück dazu, im richtigen Moment an der richtigen Stelle zu sein, nachzulesen in:

Das Weihnachtsbuch

Es regnete. Ich hatte mir meinen größten Wunsch erfüllt und mit diesen klischeebehafteten Worten meinen ersten Roman begonnen. Es handelte sich um die Geschichte einer Familie, deren Mitglieder nach vielen Jahren wieder einmal gemeinsam Weihnachten feierten nachdem alle aus verschiedensten Gründen über die ganze Welt versprengt wurden. Die ganze Bandbreite einer Familiengeschichte verdichtete sich in der Story auf drei gemeinsame verbrachte Weihnachtstage mit der ganzen Bandbreite menschlicher Emotionen. Inspiriert von Koryphäen wie Henry Miller oder Hermann Hesse war es mir, wie ich glaubte, gelungen, der literarischen Welt ein Meisterwerk hinzuzufügen. Das stellte sich schneller als ich anfangs dachte, als einen das Selbstwertgefühl vernichtenden Trugschluss dar. Nachdem Verlag für Verlag, teils mit offener Ablehnung, teils mit heuchlerischer Diplomatie, teils ohne jede Reaktion mein Erstlingswerk ablehnte, beschloss ich, selber einen Verlag zu gründen und das ohne jeden Zweifel vorhandene Gold allein zu schürfen. Geschickt nutzte ich jedweden Kontakt, um mein

Werk an den Mann bzw. die Frau zu bringen und erntete nichts als Ablehnung. Von allen Seiten schienen die Kabel gekappt zu sein und schwer wie Blei lag mein Werk unverkäuflich in den Regalen der kleinen Buchläden, die sich meiner Anfrage um Auslage erbarmt hatten. Wohl oder übel sah ich ein: Die Welt war noch nicht bereit für einen literarischen Erdrutsch. In sicherer Erwartung über kurz oder lang in den Bestsellerlisten des Spiegels aufzutauchen, hatte ich vorerst 2000 Exemplare meines Romans drucken lassen und aus verkaufstaktischen Gründen kurz vor Weihnachten auf den Markt gebracht. Der dafür aufgenommene Kredit lastete nun schwer auf meinen Lebenshaltungskosten. Der „arme Poet" bekam für mich eine ganz neue, aktuelle Bedeutung. Zum Glück aber war ich Junggeselle und somit nicht zusätzlich den anklagenden, hungernden Augen einer Frau und der darbenden Kinderschar ausgesetzt. Auf dem Weg zu meinem Pförtnerjob in einem großen Medienunternehmen, in dem niemand ahnte, dass die Goldgrube täglich direkt vor ihrer Nase saß, bemerkte ich gegenüber meines Sitzplatzes in der U-Bahn ein hinter einem Buch verstecktes Gesicht einer Frau, welches mir bekannt vorkam. Doch schnell verblasste die Begegnung im Nebel des Alltäglichen. Des Rätsels Lösung präsentierte sich mir zufälligerweise beim abendlichen Zappen durch die Programme. „Anna liest", hatte die aus den Printmedien bekannte Literaturkritikerin Anna Soloda-Modersen ihre auf dem neuen Kulturkanal des ZDF ausgestrahlte Sendung über Neuerscheinungen der literarischen Szene genannt. Sporadisch, aber doch des Öfteren begegnete ich ihr seitdem beim Weg zur Arbeit in der U-Bahn. Wir schienen Geschwister im Geist zu sein und die Regelmäßigkeit zu lieben, denn genau wie ich setzte sie sich immer in den gleichen Wagen auf den gleichen Platz, soweit er frei war. Schnell hatte ich herausgefunden, wo sie zustieg. Nachdem die Verkaufszahl meines Romans in der letzten Woche um 100 % gestiegen war, da ein zweiter Kunde im Bücherlädchen um die Ecke zugegriffen hatte, beschloss ich, den schlummernden Riesen der Weltliteratur mittels Anna Soloda-Moderson zu wecken. Als ich sie an jenem besagten Morgen auf dem Bahnsteig erblickte, klaubte ich schnell ein Exemplar meiner Publikation aus meiner Arbeitstasche und deponierte es, als hätte es jemand dort vergessen, auf den noch unberührten, bevorzugten Platz des hellen, neu aufgehenden Sternes der Kritikerszene. Erstaunt nahm sie das Buch zur Hand, wie ich mit unbeteiligter Miene aus den Augenwinkeln beobachtete. Dann schweifte ihr Blick auf der Suche nach dem vermeintlichen Verlierer des Buches durch den Wagen. Ich starrte in die Zeitung und wurde von ihr als Verdächtiger aussortiert. Interessiert betrachtete sie die Vorder- und Rückseite des Bandes. Dann schlug sie ihn auf und las die kurze Inhaltsangabe. Bereits die schien sie so zu fesseln, dass sie sofort mit der Lektüre begann. Ein spöttisches Lächeln umspielte ihre Mundwinkel, als sie die ersten Worte „Es regnete" las. Bei unserem nächsten Aufeinandertreffen drei Tage später, blätterte sie jedoch zu meinem Erstaunen auf ihrer Fahrt zum Sender in einem anderen Buch. Sollte sie mein 400-Seiten-Werk innerhalb von drei Tagen, auf Schlaf und jede andere Tätigkeit verzichtend, gefesselt wie Odysseus am Masten seines Schiffes bei der Vorbeifahrt an den Sirenen, ununterbrochen lesend verschlungen haben? Jede ihrer Sendungen verfolgte ich fiebernd in der Erwartung überschwänglicher Lobeshymnen auf den neuen jungen Nachwuchskünstler namens Ich. Doch Fehlanzeige … Enttäuscht dachte ich gerade hochmütig beim Lesen des größten Boulevardblattes unseres Landes, wer war schon Anna Soloda-Modersohn, als ich doch noch den Lohn für unzählige schreibend verbrachte Tage und Nächte erhielt. Auf der Titelseite prangte in Riesenlettern, verbunden mit einem Bild von ihr, die Schlagzeile über ihre exorbitanten Einschaltquoten, was mich, ob meines werbetechnischen Fehlversuches, ehrlich gesagt, wenig interessierte. Doch dann fiel mein Blick auf das Buch, welches sie in der Hand hielt. Deutlich waren mein Name und der Titel zu erkennen. Der Fotograf schien sie gerade in dem Moment fotografiert zu haben, als sie an jenem Tag, an dem ich ihr mein Werk unterschob, mit meinem Buch in der Hand aus der U-Bahn stieg. Jetzt sitze ich nach einer Lesung vor 500 Zuhörern hinter einem Schreibtisch und signiere den begeisterten Käufern mit wunden Fingern meinen Roman. Da ich nach dem Verkauf aller 2000 Bücher innerhalb von drei Tagen an meine logistischen Grenzen stieß, hatte ich mich auf Anfrage eines der renommiertesten Verlage der Republik gerne mit einem sündhaft hoch dotierten Autorenvertrag ausstatten lassen. Eine Woche später erklomm mein Buch den Spitzenplatz Belletristik im Spiegel. Mein mir zur Seite gestellter Agent stand kurz vor dem Burn-out ... Ich schreckte hoch. Der Wecker hatte geklingelt. Aus der Traum. Mein Pförtnerjob wartete auch heute in der Heiligen Nacht auf mich, da ich das Geld dringend brauchte. Seufzend quetschte ich mich durch die Kartons mit den restlichen 1998 Romanen, die den Zugangsweg durch den Flur zum Bad verengen und die noch lange Zeit dafür sorgen werden, dass Nudeln mit Tomatenketchup nicht nur mein heutiges Weihnachtsessen sind, sondern wohl auf lange Zeit mein bevorzugtes Mahl bleiben werden ...

Ist doch komisch, dass Heilig Abend immer auf Weihnachten fällt.
Arno Backhaus

Wenn irgendeiner deiner Brüder arm ist in irgendeiner Stadt in deinem Land, das der HERR, dein Gott, dir geben wird, so sollst du dein Herz nicht verhärten noch deine Hand zuhalten gegen deinen armen Bruder.
5. Mose 15,7

Wer mit aufmerksamem Blick und Interesse die Zustände in den Brennpunkten der deutschen Großstädte betrachtet, dem wird die zunehmend um sich greifende Armut ins Auge fallen. Besonders Kinder geraten mehr und mehr ins Abseits. Doch auch viele Erwachsene scheitern an den Ansprüchen einer Konsum- und Ellenbogengesellschaft, die kaum noch Raum lässt für Nächstenliebe und Solidarität. Deshalb:

Komm und sieh

Die ersten Schneeflocken des Winters taumelten dem Boden entgegen. Umher fliegenden Federn eines geplatzten Kissens gleich, setzten sie sich auf Lebewesen und Dinge und kehrten rasch in ihren Urzustand zurück. Es war noch zu warm, um den Bahnsteig dauerhaft mit einer weißen Schicht zu überziehen. Magnus saß auf einer Bank am Gleis und wunderte sich, dass ein Eiskristall genau auf seiner von vielen Jahren Alkoholmissbrauch blauen Nase landete. Keines dieser filigranen Gebilde glich dem anderen und wurde von den vorbeihastenden Menschen achtlos zertreten. Genau wie die Gescheiterten der Gesellschaft, dachte Magnus angesichts seiner trostlosen Situation. Sollte er den schnell zu einem Wassertropfen mutierenden Himmelsboten als ein Glückszeichen oder einen unerwünschten Störenfried betrachten? Glück, was war das schon? Für einen Moment tauchte eine Erinnerung aus seinem früheren Leben auf. Magnus mit seiner Frau und den Kindern beim Versuch, Schneeflocken mit der Zunge zu fangen. Desillusioniert kehrte er in die Gegenwart zurück und wischte sich den mittlerweile unter seiner Nase hängenden Wassertropfen, der sich mit einer Träne vermischt hatte, missmutig ab. Auf dem durchlöcherten Handschuh war ein dunkler Fleck zu sehen. Er starrte auf den Fleck. Ein weiterer dunkler Fleck seines verkorksten Lebens. Morgen, nahm er sich mit Blick auf den zerfetzten Handschuh vor, würde er der Kleiderkammer der Bahnhofsmission einen Besuch abstatten, um sich neu einzukleiden. Ein spärlicher Rest von Selbstwertgefühl ließ selbst ihn noch wahrnehmen, dass die ihm begegnenden Menschen aufgrund seines abgerissenen Aussehens die Straßenseite wechselten. Durch den Bahnhof fegte ein ICE. Magnus fröstelte, als der Fahrtwind des Zuges in seine fadenscheinige Kleidung fuhr. Ein kleiner Schritt für einen Menschen, aber ein unbeachteter, unwichtiger für die Menschheit wäre es gewesen, hätte er den Schritt ins Gleis gewagt. Woher kannte er dieses Zitat? Armstrong, natürlich, der Astronaut, der als Erster den Mond betrat. Nur der Wortlaut war ein wenig anders gewesen. Magnus wunderte sich, dass ab und zu Bruchstücke der Welt, zu der er nicht mehr zu gehören schien, wie springende Delfine aus dem Alkoholnebel seines Gehirns auftauchten. Er griff unter die Bank nach der halb leeren Wodkaflasche. Halb leer oder halb voll, fragte er sich. Halb leer natürlich, schrie der Promilledämon und lachte hämisch. Es wurde immer schwerer, die Sucht zu finanzieren. Bettelte man die Mitmenschen um etwas Geld an, so rieten die meisten dazu, sich an städtische Einrichtungen oder die Bahnhofsmission zu richten, denn dort bekäme man zu essen, zu trinken und einen Platz für die Nacht vermittelt. Einmal hatte Magnus in seiner Verzweiflung geantwortet, dass er aber Geld für Alkohol brauche. Keine gute Idee. Aus der Ferne hörte er die grelle Stimme von Jule, die im Drogenrausch wieder einmal mit den Geistern der Vergangenheit stritt. Jule war ein medizinisches Wunder. Seit Jahren auf der Straße. Viele abgebrochene Therapien. Sie verschwand einige Zeit. Dann war sie unvermutet, an Leib und Seele notdürftig zusammen ge-flickt, wieder da. Bis zum nächsten Absturz. Jeder tiefer. Jeder Aufprall härter. Doch im Land der Gestrauchelten gab es nur Einzelkämpfer. Eng umschlungen schlenderte ein Liebespaar den Bahnsteig entlang. Die Frau blieb plötzlich stehen und strei-chelte mit dem Zeigefinger der rechten Hand zärtlich über die Wange des Mannes. Ich auch, hätte Magnus am liebsten laut gerufen. So viel nicht gestreichelte Haut hatte er anzubieten. Ein paar freundliche Worte ab und zu hätten ihm schon ge-reicht, um die Kälte in seinem Seelenspeicher notdürftig zu ver-treiben. Sprosse für Sprosse war er die Leiter des sozialen Ab-stiegs hinab geschritten. Worte, Gedanken und Taten drehten sich in seiner Welt irgendwann nur noch um das tägliche Über-leben. Die unzähligen Menschen, die seinen Weg kreuzten und die kleine, gut funktionierende Rädchen der Leistungsgesell-schaft zu sein schienen, machten einen Bogen um ihn, den of-fensichtlich Gescheiterten. Sprachlose Blicke, die erbarmungs-los sprachen. In seiner Kindheit und Jugend war Magnus auf der Suche nach den Worten und der Geborgenheit gewesen, die ein junges, noch unverletztes Menschenwesen braucht, um das Le-ben mit seinen Herausforderungen zu meistern. Worte der Wertschätzung, der Liebe, der Nähe, der Wärme. Irgendwann war die Suche zur orientierungslosen Jagd mutiert und Magnus war bei der Wahl der Beute hemmungslos geworden. Als er die

Schule verließ, geriet er in die Netze der braunen Rattenfänger. Da er emotionslos zuschlagen konnte, erfuhr er das erste Mal im Leben Wertschätzung und Anerkennung, doch nur im Kreis dieser selbst ernannten armseligen Herrenmenschen. Irgendwann schlug Magnus zu oft und zu hart zu. Er wurde straffällig. Zum Glück gelang ihm der Ausstieg aus dem braunen Sumpf. Sein Bewährungshelfer machte ihm in langen Gesprächen klar, dass diese braunen Seelenkrüppel andere Menschen klein machten, um selber leidlich groß zu erscheinen und hielt Magnus den Spiegel vor. Wie ein Sonnenstrahl in tiefster Finsternis war eine Frau in sein Leben getreten. Er schien Fuß gefasst zu haben. Doch das Seil, auf dem er in ungewohnter Höhe balancierte, hatte kein Netz. Als er seinen Job verlor und mit Frau und zwei Kindern vom Arbeitslosengeld leben musste, brachen die Muster seiner Kindheit sich Bahn. Die alten Dämonen holten ihn ein. Der Alkohol ließ die Sorgen, die am nächsten Tag groß wie Dinosaurier auferstanden, verschwinden. Zwei Jahre hielt seine Frau es mit ihm aus, bevor sie den Kindern zuliebe einen Schlussstrich zog. Misston für Misston einer Lebenssymphonie, unterbrochen nur von wenigen harmonischen Klängen war das Fazit, welches Magnus an diesem trüben, grauen Tag aus seinem bisherigen Leben zog. Er nahm den letzten Schluck aus der Wodkaflasche und rappelte sich mühsam auf. Wie ein Denkmal des Scheiterns blieb die leere Flasche bis zum Einsammeln durch die Bahnreinigung unter der Bank stehen. Magnus ahnte noch nicht, dass er niemals mehr an diesen Platz zurückkehren würde. Täglich fragte er sich, warum ihn dieser Umschlagplatz der Gefühle so magisch anzog. Immer wieder gab er dem selbstzerstörerischen Impuls diesen Ort aufzusuchen nach, obwohl die ungestillte Sehnsucht wieder dazuzugehören, ihn nur noch tiefer in die seelische Not stürzte. Eine Regionalbahn, prall gefüllt mit Reisenden, fuhr ein. Der Bahnsteig glich für einen Moment einer aus dem Bau strömenden Ameisenarmada. Magnus durchwühlte unter den geringschätzigen, teils angeekelten Blicken einiger Mitmenschen die Mülleimer nach Pfandgut. Die spärliche Beute verstaute er in seinem schmutzigen Rucksack. Immerhin reichte es für eine weitere Flasche Seelentröster vom Discounter. Dann machte er sich auf den Weg zu dem abbruchreifen Schuppen, der am Rande eines abgeernteten Feldes dem Verfall preisgegeben war und ihm derzeit als Nachtlager diente. Einige modrig riechende Strohbunde nutzte er als halbwegs bequemen Untergrund für die Nachtruhe. Magnus schlüpfte in seinen stinkenden Schlafsack, lauschte dem Rascheln seiner vierbeinigen Mitbewohner und schaute durch eine Lücke zwischen den Pfannen in den Sternenhimmel. Ich bin klein, mein Herz ist rein, murmelte er der zweiten, halb geleerten Flasche Wodka geschuldet, vor sich hin. Ein Lächeln huschte über sein Gesicht, als er sich des einzigen Lichtblicks des Tages erinnerte, den er sorgsam wie einen Diamanten in seinem Herzen hütete. Eine Mitarbeiterin der Bahnhofsmission, die Magnus ein wenig ihrer Zeit schenkte und sich zu ihm setzte, bot ihm zum Ende der Unterhaltung an, für die Heilung seiner Seele zu beten. Magnus, im tiefen Sinnlosigkeitstal der Welt pilgernd, hatte erwidert, dass es für ihn weder Hoffnung noch Perspektiven gab. Es sei einfach zu spät. Daraufhin las ihm die junge Frau Worte von Jesus vor. Magnus erinnerte sich grob, dass es darum ging, dass die, die nur eine Stunde fleißig gewesen waren, am Abend denselben Lohn erhielten, wie andere, die sich den ganzen Tag abgeschuftet hatten. „So etwas macht doch kein Chef der Welt“, protestierte Magnus. „Kein Mensch, aber Gott, der geduldig ruft und wartet bis zuletzt“, hatte die junge Frau erwidert. „Gott denkt nicht in den Dimensionen der Menschen. Zwei Freunde waren von klein auf ein Herz und eine Seele und teilten alles miteinander. Sie kamen in das Teenageralter und ihre Wege trennten sich. Der eine studierte Jura und tat somit seinem Gerechtigkeitssinn, seiner Wahrheitsliebe und seiner Ehrlichkeit Genüge. Der andere schlug den umgekehrten Weg ein. Seine Betrügereien brachten ihn letztendlich vor Gericht. Der Richter war ausgerechnet sein Kamerad aus der Kindheit. Punkt für Punkt arbeitete dieser die Anklage ab und verurteilte seinen Freund zu einer hohen Geldstrafe die dessen Ruin bedeutet hätte. Nach der Urteilsverkündigung begab sich der Richter zur Anklagebank, umarmte seinen Freund herzlich und sprach: Ich werde die Geldstrafe für dich bezahlen, damit du ein neues Leben beginnen kannst. So ist es auch mit Jesus. Wer ihn einmal als seinen Herrn angenommen hat, dessen Schuld wird er ein für alle Mal tragen. Gibt es eine größere Liebe? Jesus hat diese Worte der Liebe". Die junge Frau drückte ihm ein laminiertes Kärtchen in die Hand, welches Magnus vorerst achtlos in seine Manteltasche steckte, doch etwas machte Klick in seiner Seele. Um die musste er sich wohl langsam ernsthaft Gedanken machen, denn sonst hatte er nichts zu verlieren. Die liebevolle Ärztin, die ab und zu mit dem Bus einer Christengemeinde auf dem Parkplatz vor dem Rathaus den Obdachlosen der Stadt kostenlosen Rat und Hilfe anbot, warnte Magnus jedes Mal davor, sein Leben weiterhin auf der Straße zu verbringen. Sein katastrophaler Gesundheitszustand genüge nicht mehr der Härte eines Obdachlosendaseins, erläuterte sie ihm beim letzten Besuch. Hass, Gewalt, Einsamkeit, Verzweiflung, Missachtung und in lichten Momenten die Scham, das waren die bisherigen Begleiter seines Lebens gewesen. Was war der Sinn eines solchen Lebens? Manchmal hätte Magnus gerne mit einem Tier getauscht, denn nur ein Mensch hört, egal in welcher Situation er sich befindet, diese leise, bohrende Stimme, die Konsequenzen anmahnt und ehrliche Antworten erwartet.

Deswegen ertränkte Magnus diese Stimme Tag für Tag. Für ihn hielten die Götter der Gegenwart keinen Nektar mehr bereit. Des Kämpfens müde, verzichtete er lieber auf seine Würde und hielt seinen freien Geist in den Mauern der Abgestumpftheit des Alkohols gefangen. Das Kärtchen in seiner Manteltasche fiel ihm ein. Er holte es heraus und las es: Gott, ich bin ein Sünder. Damit ich überhaupt zu dir kommen kann, musste dein Sohn Jesus Christus am Kreuz sterben – an meiner Stelle. Danke dafür! Ich beuge mich vor dir, Herr Jesus. In deinem Namen bitte ich von ganzem Herzen um Vergebung für alle meine Sünden und all meine Schuld. Hass gegen dich und andere, Neid, Lügen, meine Selbstsucht, Lieblosigkeit, Unmoral, Ungerechtigkeit, Jähzorn und vieles andere. Ich weiß viel Schlechtes nicht mehr, aber du kennst es. Wasch mich bitte jetzt rein von allem Scheitern durch dein kostbares Blut. Wasch mich bitte weiß wie Schnee. Danke, dass du auf Golgatha den Preis bezahlt hast und mich so annimmst, wie ich bin. Danke, dass du mich liebst. Du hast alle meine Sünden nun ausgelöscht. Und so, wie du mir vergeben hast, so vergebe ich auch denen, die gegen mich gesündigt haben. Ich vergebe allen alles – egal, was sie mir angetan haben oder was sie unterlassen haben. Auch mir selbst vergebe ich. Danke, Vater im Himmel, dass ich nun dein Kind geworden bin und das ewige Leben habe. Lass mich nie mehr los und erfülle mich mit deiner Liebe und deiner Freude. Mein ganzes Leben soll nun dir gehören, Herr Jesus. Sei du mein Herr und mein Freund. Tiefer Frieden überkam Magnus, der mit jedem Wort nüchterner geworden war. Dann schlief er ein. Im Traum sah er sich selbst dort auf dem Heulager liegen. Grauhaarig, ungepflegt, betrunken, zahnlos, in Lumpen gehüllt, durch das Leben auf der Straße vorzeitig gealtert. Plötzlich erstrahlte ein überirdisches Licht voller Wärme. Eine Liebe umhüllte ihn, die zu beschreiben es in der menschlichen Sprache keine Worte gab. Zwei Hände, an denen sich Wundmale befanden, streckten sich ihm entgegen. „Komm", sprach eine liebevolle Stimme. Magnus ergriff die Hände ...

Wer Jesu Kreuzigung als Erlösung annimmt, wird an den Kreuzungen des Lebens den richtigen Weg nehmen.

ISNAH EGGIW

Ist es nicht unheimlich? Gerade hat man noch vor dem Schaufenster des Juweliergeschäfts gestanden, ploppen Minuten später Angebote von großen und kleinen Anbietern der Schmuckbranche auf. Nach der Suche auf Google, wie denn eigentlich ein Sessellift funktioniert, wurde ich förmlich überschüttet mit Hilfsmitteln für das Alter. Wir sind nicht allein!

NSA

Gestern Abend hatte ich das Gefühl, mir schaue beim E-Mail schreiben jemand über die Schulter, ich hätte aber nie vermutet von vorne. Es sagt sich so leicht dahin, dass die NSA gerne die eigenen E-Mails ausspionieren dürfe, da man ja letztendlich nichts zu verbergen habe. Wenn es dann aber geschieht, bekommt dieser Eingriff in die Privatsphäre einen ganz anderen Stellenwert. Es begann damit, dass ich zu Allerheiligen von einem großen Elektronikhändler zwei Solargrablichter im Internet bestellte. Nach der Lieferung erwies sich eines der beiden Lichter als defekt. Per Mail wandte ich mich an den Kundenservice. Nachdem ich in meinem Postfach den Button "E-Mail schreiben" angeklickt hatte und ich mich nun im dafür vorgesehen Formular befand, geriet ich in die Fänge der bösen Mächte, welche sich in den elektronischen Postverkehr unbescholtener Bürger einklinken. Ohne dass ich die Tastatur überhaupt berührt hatte, sprang der Cursor plötzlich von ganz rechts nach ganz links, zuckte ein paar Mal ekstatisch auf und nieder, um in der nächsten Sekunde, Harmlosigkeit heuchelnd, wieder seinen angestammten Ruheplatz am Anfang der Zeile einzunehmen. Geschockt starrte ich auf den Bildschirm. Jetzt also auch ich, durchfuhr es mich siedend heiß. Selbst die Werbung bei GMX hüpfte wie von Geisterhand in die Höhe oder nach unten, wenn ich auf den Button „löschen" klicken wollte. Bereits am Montag, als mich meine Frau beim Einkaufen über Handy anrief, um das Mitbringen einer 200 Grammpackung Gouda nachzuordern, meinte ich im Hintergrund ein deutliches männliches Räuspern wahrgenommen zu haben, so als befände sich noch ein Dritter in der Leitung. Welche meiner Internetaktivitäten konnten die NSA, den britischen Geheimnisdienst MI6, den Verfassungsschutz unseres Landes, oder gar den KGB auf den Plan gerufen haben? Mutmaßte man, dass ich den bei Amazon bestellten Tischgrill als Folterwerkzeug missbrauchen wollte? Hatte meine Suche bei Yahoo, wie ein Maulwurf aus dem Garten vertrieben werden könne, den Verdacht genährt, mich mit Chemikalien zum Bombenbau versorgen zu wollen? Oder war das Bestellen der Greatest Hits of The Ramones, eigentlich nur dem Zwecke dienend, der Erinnerung an eine wilde Jugend mit Punkmusik zu huldigen, in die Nähe geplanter Anarchie gerückt worden? Des Weiteren erinnerte ich mich gegoogelt zu haben, was Bush damit meinte, als er nach den vielen zivilen Opfern des Irakkriegs befragt wurde, es käme schon mal zu Kollateralschäden. Egal, es schien sowieso zu spät zu sein, jetzt würde ich erst einmal die Mail an die Elektronikfirma schreiben. „Sehr geehrte Damen und Herren, leider erwies sich eines der von Ihnen zugesandten Solargrablichter als defekt. Ich würde mich über eine kurze Mitteilung ob des weiteren Vorgehens Ihrerseits freuen. Mit freundlichem Gruß". Ich las die Zeilen zwecks Rechtschreibkontrolle noch einmal nach. „Sehr geehrte Damen und Herren". Nein, viel zu gefährlich. Jetzt, da ich ahnte, dass Big Brother jeden meiner Buchstaben mitlas, hieß es mich eines völlig unverdächtigen Wortschatzes zu bedienen. Das war nicht so einfach, da ich ja nicht wusste, wer sich in meinen E-Mail-Account eingehackt hatte. „Geehrte und Herren" ging gar nicht. Das waren zwei Begriffe, in denen Ehre und Herren vorkam. Auf keinen Fall wollte ich durch den Gebrauch jenes Übermenschenvokabulars in die Nähe dieser braunen, ewig gestrigen Dumpfbacken gerückt werden. Auch missfiel mir in Anbetracht der unbekannten Schultergucker das Wort „Damen". Wenn nun zum Beispiel eine militante Frauenrechtsbewegung als heimliche Mitleserin die E-Mails aller Männer im Verdachtsalter kontrollierte, wäre Damen wohl eine frauenfeindliche Todsünde schlechthin und dann auch noch diskriminierend vor den Herren genannt. Ging gar nicht. Ich sah mich schon auf der Titelseite von Emma mit der Schlagzeile: Deutschlands größter Frauenhasser enttarnt. Im schlimmsten Fall tauchten gar feministische Demonstrantinnen vor unserem Haus auf. Na, das würde ein Gerede geben in unserem kleinen Dorf. Also weg mit dem Wort Damen. Implizierte der Satz „leider erwies sich eines der von Ihnen zugesandten Grablichter als defekt" nicht, dass es sich um einen verschlüsselten Hinweis auf einen nicht funktionierenden Bombenzünder handelte? Oder um den geheimen Befehl, einem von zweien das Licht auszublasen. Ging also auch nicht. Der letzte Absatz der Mail mit der Bitte um eine Antwort lud die Fremden ob weiterer zu erwartender Korrespondenz in meinem E-Mailkonto ja förmlich ein, mich dauerhaft auszuspionieren. Ich löschte den ganzen Absatz. Dann gab ich im Betreff meine Kundennummer ein und wechselte erneut in das Textfeld. Dort schrieb ich: Hallo, ein Artikel defekt! Was nun? Auch diese Worte waren nicht völlig verdachtsfrei. Aber gar nichts zu schreiben, war letztendlich auch keine Lösung. Bevor ich an diesem Abend einschlief, überschlugen sich meine Gedanken. Wer weiß, bis wohin die NSA mit ihrer Schnüffelei schon vorgedrungen war. Was war mit in den USA gefertigten Herzschrittmachern? Konnte man vielleicht schon ausspionieren, ob sich der

Träger neu verliebt hatte? Oder Hörgeräte? Vielleicht hörten mit diesen Geräten mehr Menschen besser, als man vermutete. Irgendwann kam ich bei Zahnplomben an. Wer wusste schon, worin überall Abhörgeräte untergebracht wurden. Nun war ich vollends verunsichert. Ein ungutes Gefühl beschlich mich. Ich stand auf und schaute vorsichtshalber noch einmal unter mein Bett.

Der Unterschied zwischen Jesus Inside und Intel Inside? Intel Inside gibt irgendwann den Geist auf.

Arno Backhaus

Denn wer da bittet, der empfängt, und wer da sucht, der findet, und wer da anklopft, dem wird aufgetan.
Matthäus 7, 8

Manchmal, ganz unvermutet, antwortet Gott. Der Mensch ist fast erschrocken darüber. Auf der rechten Schulter der kleine Engel spricht dann leise in dein Ohr: „Siehst du, er hört dich." Auf der linken Schulter, der kleine Teufel spottet: „Glaub das doch nicht, alles Zufall."
Dazu eine wahre Geschichte:

Zufall?

Es geschah in der Vorweihnachtszeit und für Menschen, die mit dem Glauben an den, dessen Geburt in dieser Zeit entgegenfiebert wird, nichts am Hut haben, wird das nun Erzählte unter Zufall verbucht werden. An diesem Morgen waren die Straßen das erste Mal richtig glatt und die Fahrt zur Arbeit war zu einem Geduld- und Konzentrationstest geworden. Die zähflüssige Autofahrt nutzte ich zum ausgiebigen Gebet, da ich zu wissen glaubte, dass Gott jeder noch so kleinen Bitte Gehör schenkt, nicht eine verloren gehen lässt und sie auf seine Art beantwortet. Den unerwarteten Beweis erhielt ich im Laufe des Tages. Zum Abschluss bat ich den Herrn, mir heute viele Menschen begegnen zu lassen, denen ich meinen Glauben in Worten und Taten bezeugen konnte. Nun saß ich bereits seit zwei Stunden in meinem Büro und arbeitete die anfallenden Aufgaben ab. Entlang des Gebäudekomplexes zog sich ein viel benutzter Rad- und Fußgängerweg hin. Da sich das Büro im Parterre befand und große Fenster sein Eigen nannte, war man den Blicken der vorbeifahrenden- bzw. gehenden ausgesetzt. Die Mitarbeiter des Bauhofes hatten in der Nacht der Sorgfaltspflicht der Stadt Genüge getan und den Weg vor meinem Fenster durch Aufbringen von einem Salz-Split-Gemisch befahr- und begehbar gemacht. Unser Firmensitz befand sich in der Nähe einer karitativen Organisation, die Wohnraum für Obdachlose, psychisch erkrankte und Alkoholiker einschließlich therapeutischer Begleitung zur Verfügung stellte. Deshalb war es traurige Normalität, dass ab und zu eine Bewohnerin oder ein Bewohner an meine Scheibe klopfte und um ein wenig Geld bettelte. Je mehr es der kalten Jahreszeit entgegen ging, desto höher wurde die Quote der Gestrauchelten, die mich per Klopfen an das Fenster kontaktierten. Mittlerweile war ich dazu übergegangen, dem ein oder anderen mit deutlicher Alkoholfahne eine Spende mit dem Hinweis auf die Vielzahl der Bitten und dem Hilfsangebot bezüglich menschlicher Grundbedürfnisse der karitativen Organisation eine Straße weiter, zu verweigern. Gerade hatte ich das Fenster geöffnet, um ein wenig Frischluft die Morgenmüdigkeit vertreiben zu lassen, da hörte ich ein schlurfendes, langsam näher kommendes Geräusch auf dem Weg vor dem Fenster. Vor meinem PC sitzend konnte ich aus den Augenwinkeln einen Mann in meinem Alter erblicken, der in diesem Moment auf seinem Rollator Platz nahm. Sie kennen sicher dieses Gefühl, wenn man bemerkt, dass man gemustert wird. Ich blickte hoch. „Guten Morgen", rief der Mann fröhlich und winkte zusätzlich noch mit hoch erhobenem Arm in meine Richtung. Ich antwortete genauso nett. Der Mann stand auf und bewegte sich schwerfällig, ein Bein nachziehend, auf das geöffnete Fenster zu. „Sie scheinen ja ein richtig sympathischer Mensch zu sein. Ich heiße Michael, kannst Du zu mir sagen", sagte er und reichte mir seine Hand durch das Fenster. Es war eine sehr verkrüppelte Hand, an der mehrere Finger fehlten. Ich gab ihm die Hand und nannte ihm meinen Vornamen und bat ihn ebenfalls, mich zu duzen. „Ja, so sieht das aus, wenn man Jahre lang dem Alkohol verfallen war. Der war auch schuld an meinem Unfall, welcher mich so zugerichtet hat, aber seit Langem schon trinke ich keinen Tropfen mehr". Das glaubte ich ihm auch aufgrund der fehlenden Alkoholfahne aufs Wort. „Trotzdem", fuhr er fort, „traue ich mich sie zu fragen, ob sie vielleicht fünfzig Cent für mich hätten, ich bin völlig abgebrannt diesen Monat und habe einfach ein wenig über meine Verhältnisse gelebt". Was bedeutete wohl für diesen Menschen „über die Verhältnisse gelebt", schoss es mir, bereits sicher ihm ein wenig Geld zu geben, durch den Kopf. Wie weit unten musste man angekommen sein, um sich zu trauen andere Menschen anzubetteln? „Hör mal, Michael", hörte ich mich trotzdem sagen, „wenn ich jedem, der hier an mein Fenster kommt, Geld geben würde, dann ginge ein großer Teil meines Lohnes nur dafür drauf". Sofort wies mich eine innere Stimme auf meine Übertreibung hin. Hör auf, dich in deinem Gutmenschentum zu suhlen, schien sie mir zuzuflüstern. Michael antwortete: „Das verstehe ich, das sind bestimmt die Leute aus dem Wohnheim hier um die Ecke, wo ich derzeit auch lebe. Aber versprochen, wenn du mir fünfzig Cent gibst, lass ich dich in Zukunft in Ruhe, ich habe aber nichts von Wert, was ich dir dafür geben könnte." Ich holte mein Portemonnaie heraus und gab ihm zwei Euro. „Alter, zwei Euro, ich danke dir, du bist ein netter Mensch." Er winkte noch einmal und drehte sich aufgrund seiner schweren Behinderung sehr schwerfällig mit seinem Rollator wieder in Richtung des Fahrrad- und Gehweges. Plötzlich hielt er inne. „Halt", sagte er und drehte sich noch einmal in meine Richtung, „ich habe ja doch etwas, was ich dir geben könnte. In der Therapie malen wir Aquarelle. In den nächsten Tagen komme ich vorbei und dann bringe ich dir eines als Dank. Ist ein Bild von Jesus Christus, welches ich gemalt habe, vielleicht gefällt es dir, bis dann", sprach er und verschwand langsam in der Ferne (das Bild brachte er einige Tage später). Da rein gar nichts Äußeres auf meinen christlichen Glauben hinwies, war ich völlig verdutzt und sprachlos und mir fiel sofort mein morgendliches Abschlussgebet ein. Das nannte ich mal eine spontane Antwort. Ohne dass ich es ahnte, war ich Jesus begegnet, ohne dass ich es wirklich erwartete, hatte Gott mein Gebet um Begegnungen erhört.

Liebe bedeutet, dem Nächsten uneigennützig im Dunkeln zu leuchten.

ISNAH EGGIW

Anfang Oktober. Spekulatius, Nikolause, Schokoladentannenzapfen und diverse Weihnachtsspezialitäten füllen die Regale der Supermärkte. Der Kampf ums Weihnachtsgeschäft hat begonnen. Heiligabend. Der andere Anlass nach Ostern, wieder einmal die Kirche und den Gottesdienst zu besuchen. Glaube reduziert auf „the same procedure as every year":

Maleks Traum

Malek schaute mit verschlafenen Augen auf seinen Wecker. Der hatte zwar nicht geklingelt, doch Malek erwachte immer um 6 Uhr. Eigentlich war der Wecker überflüssig und diente nur als Netz, welches Malek auffing, sollte er wirklich einmal verschlafen, denn auf Maleks innere Uhr, die sich seinem Arbeits- und Schlafrhythmus angepasst hatte, war unbedingt Verlass. Leise schlüpfte er aus dem Bett und verließ das Schlafzimmer auf Zehenspitzen, um seine Frau nicht zu wecken. Es war Heiligabend. Malek hatte frei und wollte seine Familie mit einem ausgiebigen Frühstück verwöhnen, ehe das traditionelle Heiligabendritual mit Baumschmücken bei Weihnachtsmusik unter Hilfe seiner beiden größeren Kinder in Angriff genommen wurde. Maleks dritter Ableger war mit sechs Monaten noch zu jung für derlei Tun und würde auch für den Besuch der Weihnachtsmesse am Nachmittag bei Maleks Mutter zwischengeparkt werden. Doch bevor er sich auf den Weg zum Bäcker machte, der um sieben Uhr öffnete, brühte er sich noch eine Tasse Kaffee auf und ließ seine Gedanken ein wenig auf Wanderschaft gehen. Wieder einmal war es ihm gelungen, das Jahr als einer der drei besten Verkäufer seines Unternehmens abzuschließen.

Das brachte ihm zusätzlich eine ansehnliche Weihnachtsgratifikation. Stolz blickte er auf die Weihnachtsdekoration, die auf der Anrichte ihrer Aufgabe harrte. Kristallkugeln von Svarovsky, nicht irgendein Schund aus dem Billigmarkt. Die sündhaft teure Krippe vom derzeit total angesagten Künstler der Region angefertigt. Tja, dachte Malek, Fleiß lohnt sich. Ein schuldenfreies Haus, eine wunderbare Familie, der er jeden Wunsch erfüllen konnte, die Luxuslimousine vor der Tür, die Spielkonsole und das neueste Handymodell von Samsung für seinen Sohn als Geschenk, diverse Kleinigkeiten und ein Apple-iPad für die Tochter, ein Bobbycar von Mercedes für den Jüngsten in weiser Voraussicht auf dessen wachsende Mobilität und nicht zuletzt ein Diamantring für seine Frau, der die Weihnachtsgratifikation gegen null reduzierte. Nicht jeder konnte sich das leisten, sinnierte Malek stolz vor sich hin. Draußen taumelten einige Schneeflocken aus dem grauen Himmel und verstärkten die Emotionen, die Malek jedes Mal an Weihnachten auf das Neue übermannten. Jede einzelne Schneeflocke hatte eine andere Struktur, dachte Malek. Jede hatte somit ihren eigenen eiskalten Fingerabdruck. Die Natur begeisterte Malek immer wieder mit ihrer Genialität, warf aber auch bei ihm als einem intelligenten Menschen die Frage auf, wer hinter all dem steckte, denn ein Schuh flog ja auch nicht plötzlich von Atomen geformt in die Welt hinein, sondern jemand hatte ihn kreiert. Doch derartig philosophischen Gedanken wollte Malek an diesem Morgen keinen Raum geben. Ihm stand heute nach Leichtigkeit, gepaart mit kindlicher Weihnachtsromantik, der Sinn. Jetzt freute er sich auf das volle Heiligabendprogramm. Schnell warf er noch einen Blick auf den Börsenbericht in der Zeitung und bejubelte innerlich die Wertsteigerung der Aktienfonds, an denen er beteiligt war. Die Worte der Vertreter der beiden großen Kirchen zum bevorstehenden Weihnachtsfest auf Seite zwei erinnerten ihn kurz an seine Kindheit, da seine Mutter im Gegensatz zum Vater, sehr gläubig war. Doch die Realitäten des Lebens hatten diesen Kleinkinderglauben schnell verschüttet und er sagte sich trotz der großen Leere, die auch ihn manchmal überfiel, dass der Glauben an diese Märchen der Bibel wohl etwas für Menschen war, die ihr Leben sonst nicht gebacken bekamen. Gebacken war sein Stichwort. Jetzt aber nichts wie los zum Bäcker, ehe seine Lieben erwachten ... Der Tag verging danach wie im Flug. Malek drängte seine Frau und die Kinder zur Eile. Spätestens um 15.00 Uhr mussten sie vier Plätze in der Kirche für sich ergattert haben, denn um 16.00 Uhr begann das Weihnachtskonzert des hiesigen Spielmannszuges, welches gefühlvoll den Heiligen Abend einläutete. Nur im ersten Jahr hatten sie fast drei Stunden gestanden, da die Kirche brechend voll gewesen war und es fast ein Hauen und Stechen und viele böse Blicke beim Kampf um die begrenzten Plätze gegeben hatte. Malek, als vorausschauender Mensch, wollte durch frühes Erscheinen dem zu erwartenden Chaos dieses Mal aus dem Weg gehen. Weihnachtskonzert und Weihnachtsmesse gehörten einfach traditionell zum Heiligabend dazu. Deswegen drängte er seine Familie zur Eile. Mit viel Glück erhaschte Maleks Familie noch vier Plätze nebeneinander. Auch andere hatten aus den Jahren zuvor gelernt und waren früh gekommen. Nach dem Konzert gab sich Malek ohne groß auf die Worte des Priesters zu achten seinen Weihnachtsgefühlen hin. Mitten in eine stille Phase der Messe dröhnte laut das Knarren der Eingangstür durch die Kirche. Die Köpfe der Menschen drehten sich instinktiv in die Richtung des Geräusches. Langsam schwang die Tür auf. Herein trat ein in Lumpen gehüllter Mann. Seine Kleidung starrte vor Schmutz und war zerrissen. Das wollte hier und gerade heute niemand sehen, erkannte Malek an den ablehnenden Blicken der vielen froh gestimmten Christen in Feiertagslaune. Zielstrebig steuerte er auf die Bank zu, in der Maleks Familie am Rand saß. Malek stockte der Atem. Der Typ würde sich doch wohl nicht ausgerechnet neben ihn quetschen. Doch genauso kam es. Da kaum noch Platz war, drängte der verwahrloste Mensch sich besonders nah an Malek heran, dem der neue Sitznachbar und dessen offensichtliche Armut sichtlich peinlich war, was er aber geschickt überspielte, denn alle Blicke waren auf dieses Schauspiel gerichtet. Malek war die Weihnachtsstimmung total verdorben. In diese Atmosphäre hinein sprach der Pfarrer: Gebt einander ein Zeichen des Friedens und der Versöhnung.

Die Gottesdienstbesucher reichten sich die Hände. Sein verdreckter Nachbar hielt ihm ebenfalls die Hand hin. Malek ekelte sich. Doch er wollte sich vor den anderen Kirchenbesuchern keine Blöße geben. Also ergriff er widerwillig die Hand und erfühlte beim Händedruck etwas Schorfiges an den Handgelenken des unerwünschten Penners, wie er den Typ insgeheim betitelte. Malek schaute auf die Hand des Nachbarn. Deutlich war eine große Narbe auf dem Handgelenk der Hand zu erkennen, die dieser gerade zurückzog. Malek blickte auf das andere Handgelenk. Auch dort, eine große Narbe. Dann schaute Malek zur Seite in das Gesicht des Platznachbarn. Der schaute ihn lächelnd an und sagte mit liebevoller Stimme: Frieden sei mit dir! Da erfüllte Maleks Herz einen winzigen Augenblick eine tiefe, nie zuvor gekannte Zufriedenheit ... Malek schreckte hoch. Das frühe Aufstehen hatte seinen Tribut von ihm gefordert. Kurz war er eingenickt. Er schaute neben sich. Dort war niemand. Die eingefrorenen Feiertagsgesichter der anderen Gottesdienstbesucher und ihre gleichgültigen Mienen bestätigten ihm, dass alles nur eine Halluzination gewesen war. Gott sei Dank, dachte Malek in Gedanken an seinen Minialbtraum. Den vielen, die nur einmal im Jahr in den Gottesdienst gingen, hätte ein solcher realer Zwischenfall wohl die wunderschöne Weihnachtsatmosphäre verdorben. Malek lehnte sich freudig zurück und widmete sich gedanklich wieder schöneren Dingen. Nur ein Traum fuhr es ihm noch einmal durch den Kopf. Erleichtert atmete er auf und lächelte still, als der Pastor vom Frieden auf der Erde predigte und ausgerechnet jetzt die Melodie von „Blowin in the Wind" durch seinen Kopf rauschte.

In einer Gesellschaft, in der Golgatha für eine Zahncreme gehalten wird, wird es Zeit wieder über Jesus zu informieren.

Arno Backhaus

Ohne Witz! Meine Frau hat letztens am Telefon mit einem Computer gesprochen, der auf relativ komplizierte Fragen in einer Krankenkassenangelegenheit intelligente und kompetente Antworten gab.
Ihr Kommentar: Endlich ein Mann, der mich versteht! Wofür brauchen wir also Männer, fragte sich auch Klara:

Ein Tag mit Paul (schöne neue Welt?)

Paul saß auf der Toilette. Sorgsam bediente er die Spülung, begab sich zum Waschbecken, ließ einen Strahl Desinfektionsmittel aus dem Spender auf seine Hände spritzen und beendete den Reinigungsvorgang durch sorgfältiges Abtrocknen seiner Hände nach dem abschließenden Gebrauch einer wohlriechenden Waschlotion. Das Frotteehandtuch war in 46 Stunden achtmal von ihm und Klara benutzt worden und musste somit ausgewechselt werden. Paul hing ein neues Handtuch hin, wischte, um Kalkablagerungen zu verhindern, mit dem alten kurz die Chromarmaturen des Wasserhahnes ab, brachte das verschmutzte Handtuch in den Keller und hing es dort über eine Leine, damit durch das eventuelle Deponieren in einer Wanne nicht die Gefahr entstand, dass sich Stockflecken durch die Feuchtigkeit bildeten. Paul war Nichtraucher und trank niemals Alkohol. Nun machte er sich über einen Stapel Bügelwäsche her, dabei achtete er peinlich darauf, jedes Kleidungsstück nach der Pflegeanleitung zu behandeln. Danach faltete er die Textilien genau nach Klaras Wünschen, einen Bettbezug zum Beispiel halb, noch einmal halb, ein weiteres Mal halb und dann dritteln, damit die vordere Kante einen akkuraten Abschluss mit der vorderen Kante der Kommode bildete, in der die Bettwäsche deponiert wurde. Bevor Paul zum Einkaufen fuhr, justierte er die Gangschaltung an Klaras Rad, welche in letzter Zeit eine wenig hakte, entdeckte, dass einige Türgriffe locker waren, schraubte diese fest, wechselte den Filter der Hauswasserleitung aus und machte sich dann zwecks des Wocheneinkaufes auf den Weg zur Stadt. Fehlerlos arbeitete er einen riesigen Einkaufszettel ab. Selbst so schwierige Dinge korrekt einzukaufen, wie fettarmen Ziegenkäse aus Uruguay mit Bärlauchanteil von 27 %, aber in der blauen Packung mit Goldrand, die immer im untersten Regal hinter dem holländischen Gouda in der roten 150-Grammpackung mit diesem komischen Siegel darauf lagerte, war kein Problem für Paul. Nach der Heimkehr verteilte er sämtliche Lebensmittel fehlerfrei an den dafür vorgesehenen Lagerplätzen. Dann führte er bei ihrem gemeinsamen Pkw einen Ölwechsel mit anschließender Inspektion durch, leerte alle Abfallbehälter, polierte danach den Parkettboden, beseitigte sämtliche Wollmäuse in der Wohnung, tötete alle Spinnen, vor denen Klara panische Angst hatte und bereitete dann das Mittagessen vor. Unter Beachtung der Luftfeuchtigkeit jedes einzelnen Raumes öffnete oder schloss er je nach Bedarf die Fenster des gesamten Hauses. Während der Auflauf vor sich hin backte, mähte er den Rasen, schärfte danach das Messer des Mähers, schnitt, da der Auflauf noch 15 Minuten brauchte, die Rosen zurück und servierte dann seiner Frau Klara, die in der Mittagspause zum Essen nach Hause kam, auf dem stilvoll dekorierten Tisch die Mahlzeit und massierte kurz ihre müden Füße. Als Klara fort war, wusch er das Geschirr ab, programmierte den neuen Flachbildfernseher, den sie gestern erworben hatten, spielte eine neue Sicherheitssoftware auf den Computer auf, putzte die Fenster streifenfrei, wusch das Auto, duschte danach und erwartete die Heimkehr Klaras, der er mit Wein, einem reich gedeckten Tisch, leiser Musik und Kerzenständern ein würdiges Feierabendambiente präsentierte. Während des Abendessens erzählte Klara, wenn sie den Mund gerade einmal leer hatte, in allen Details von ihrem Tag. Paul hörte aufmerksam zu und leistete nur ab und an einen kurzen sinnvollen Beitrag zu Klaras Ausführungen, ohne ununterbrochen Problemlösungen zu präsentieren. Nachdem Klara gesättigt war und sich frisch gemacht hatte, tanzte Paul mit ihr zur Musik von Richard Claydermann. Dann massierte er ausgiebig zwei Stunden ihren Rücken, wobei er Gedichte von ihrem Lieblingsautor rezitierte. Nachdem Paul bei einem letzten Kontrollgang durch das Haus Toilettenpapier nachhängte, leere Zahnpastatuben gegen volle ausgetauscht, sämtliche Lichter gelöscht, die von Klara schlampig hingeworfenen Schuhe ausgerichtet, schmutzige Wäsche in den Keller gebracht und die Haustür abgeschlossen hatte, brachte er Klara zum Abschluss des Tages einen Schlaftrunk ans Bett. Klara schaute Paul noch versonnen einen Augenblick an und erspürte mit ihrer innerlichen Sinnlichkeitsantenne wonach ihr zu Mute war. Doch ihr Mankell auf dem Schreibtisch lockte mehr als Pauls durchtrainierter Körper. „Danke für alles Paul", hauchte sie. Das war zugleich das Passwort. Paul drehte sich um und hob seinen Pullover hoch. Klara drückte auf den kleinen roten Punkt auf Pauls Rücken. Paul kam noch genau bis zur anderen Seite des Doppelbettes, legte sich nieder, schloss die Augen und wurde völlig still. Nachdenklich holte Klara die Rechnung aus der Nachttischschublade und überlegte, ob sie diese exorbitant teure Anschaffung jenes neuartigen Klons aus China, halb Mensch, halb Roboter, den sie Paul genannt hatte, nicht doch noch vor dem Ende der Rückgabefrist wieder abgeben sollte ...

Wie sehe die Welt ohne Männer aus? Keine Gewalt, keine Kriege und lauter dicke, glückliche Frauen.

Arno Backhaus

In seiner göttlichen Macht hat er uns alles geschenkt, was wir zu einem Leben in liebevoller Ehrfurcht vor Gott brauchen. Er hat uns den erkennen lassen, der uns durch seine eigene Herrlichkeit und Wundermacht berufen hat.
2. Petrus 1-3

Brief an Gott

Hallo Gott. Entschuldige, dass ich nicht den Dienstweg gehe. Du weißt schon, die menschlichen Hierarchien beachtend. Doch die Zeit eilt. Die Probleme der Menschen sind zu groß, deshalb wende ich mich gleich an dich, denn ehrlich gesagt, läuft nicht. Du siehst ja selbst, die Menschheit lernt aus der Geschichte, dass man aus der Geschichte nichts lernt, wie man sagt. Bestimmt bist du sehr traurig. Denn das Böse geht umher wie ein brüllender Löwe und sucht, wen es verschlingen kann, wie du uns in der Bibel, deiner Bedienungsanleitung für das menschliche Leben sagst. Machtgierige Tyrannen rekrutieren in deinem Namen junge Menschen, denen nie jemand Liebe, Anerkennung und Wertschätzung zukommen ließ und die für die Rattenfänger aller Zeiten eine leichte Beute sind. Wie unglaublich schön hast du die Erde geschaffen, damit wir, deine Menschen, sie uns untertan machen. Damals hast du allen Menschen einen freien Willen gegeben, um sie nicht wie Marionetten an Fäden zu führen. Die Welt sollte ein gerechter Ort für alle sein. Nicht wie heute, eingeteilt in Parzellen, denen man Namen gab, um die man schnell Zäune oder Mauern zog, um egoistisch Besitz zu horten und ihn notfalls mit Waffen zu verteidigen. Eine Erde für alle war dein Geschenk und nicht Reservate für Reiche und Müllhalden für Arme. Ein Mensch war ein Mensch. Punkt. Neugierig sammelte er Wissen. Doch aus Atomen entstanden Atombomben, die die Erde tausendmal zerstören konnten. Aus natürlichen Ressourcen wurden Dinge hergestellt, die der Erde den Atem nahmen und sie zu großen Teilen zerstörte. Die für alle gedachten Bodenschätze mutierten zum Grund vieler grauenhafter Kriege. Die Wälder wurden vergiftet, die Meere mit Müll verseucht, den Kindern die Option auf eine lebenswerte Zukunft rücksichtslos genommen. Was erzählen wir ihnen, wenn sie nach dem Sinn des Lebens fragen? Viele von ihnen sitzen stundenlang abgestumpft vor Monitoren und begeistern sich daran, virtuelle, detailgetreue Nachbildungen ihrer Schwestern und Brüder auf grausamste Weise zu eliminieren und zu behaupten, es sei alles nur ein Spiel. Die Kommunikationsmedien werden dazu genutzt, mit Worten zu töten, Lügen und Bosheiten zu verbreiten, zu mobben und ohne Hintergrundwissen zu verurteilen. Angeblich weise Menschen maßen sich auch dort an zu wissen, wie du seist. Dabei erreicht die Größe der Erkenntnis der Menschheit über dich nicht mal das

Volumen eines Sandkorns. Herrscher bereichern sich, wie zu allen Zeiten, an den Reichtümern ihrer Länder und lassen ihre eigenen Schwestern und Brüder im Elend darben, verhungern, verwahrlosen. In deinem Namen wird unterdrückt, missbraucht, vergewaltigt, gefoltert und gemordet. In deinem Namen führt man aufgrund unterschiedlicher Ansichten oder Ausrichtungen blutige Kriege. Wenn das Böse dann siegt, fragen die erst „gottvergessenden, dann gottvermissenden Menschen" (Jürgen Mette): „Wo ist denn Gott in diesem Leid und Unrecht?" War des Anfangs nicht alles vorbereitet für Nächstenliebe und Teilen? Eigentlich wäre genug für alle Menschen auf der Erde da. Wenn jeder der in den reichen Ländern Geborenen nur einen winzigen Teil seines Reichtums abgeben würde, hätten alle ein Mindestmaß an Lebensqualität. Du hast uns geboten, den Nächsten zu lieben, wie sich selbst. Doch deine Gebote, nicht zu töten, nicht zu lügen, nicht zu stehlen und viele weitere dem friedvollen Zusammenleben dienende, werden von den Menschen als nicht mehr in die moderne Zeit passend, kalt lächelnd in der Mülltonne der Neuzeit entsorgt. Deine Botschaft wurde in kleine Portionen verpackt, mit vielen giftigen Zusatzstoffen versehen und zweckbestimmt um etikettiert. Aus „Liebe den Nächsten so wie dich selbst wurde „Liebe dich selbst, wieso deinen Nächsten?" So gebar die Finsternis Seelenkrüppel wie Gotteskrieger und Herrenmenschen, die andere klein machen, um selber leidlich groß zu erscheinen. Du bist der „Ich bin" und registrierst bestimmt enttäuscht, wie entartet dein uneingeschränktes „Ihr dürft" interpretiert wird. Deshalb habe ich dir geschrieben, denn auf Menschen ist nun mal kein Verlass, wie die Vergangenheit zeigt. Gott, wir Menschen beten für das, was wir möchten, doch du gibst in deiner unendlichen Weisheit denen, die dich bitten, das, was sie brauchen. Jedem

Menschen gehst du nach. Jedem Menschen bietest du Verge-bung durch deinen Sohn Jesus Christus an, der für uns alle Sün-den der Welt trug und am Kreuz stellvertretend für uns büßte. Es gibt kein Wort in der Menschensprache für diese Gnade. Danke für die tägliche Möglichkeit, unser Leben neu zu begin-nen, egal wie alt, wie schlecht, wie hoffnungslos.
Dein dich liebender Mensch

Auf der ganzen Welt gibt es etwa 40 Millionen Gesetze und das nur, um den 10 Geboten Geltung zu verschaffen.

Arno Backhaus

„Die größten Kritiker der Elche waren früher selber welche." Dieser Spruch der Studenten- und Schüler-Revolte der 60er Jahre sollte der Heuchelei Einhalt gebieten und darauf hinweisen, dass die, die etwas besonders stark kritisieren, häufig mit der gleichen Tendenz zu kämpfen haben. Darf man daher als Christ, der selbst fleißiger Nutzer von Smartphone, PC oder Tablet ist, die digitalen Herrscher der Neuzeit kritisieren?

Fluch oder Segen? In Zeiten des Internets, des Smartphones und vieler anderer Zeiträuber ist die Gefahr auch für uns als Christen groß, durch die mediale 24-Stunden Berieselung wie ein Grashalm im Wind von einer Seite zur anderen getrieben zu werden. Verunsicherung, Misstrauen, Zweifel und Mitschwimmen im Meer der Verführung sind oftmals die Folgen. Selbst für Erwachsene ist es unmöglich zu unterscheiden was Wahrheit und was Lüge ist. Die digitale Welt kann in allen Bereichen Dinge verfälschen, Menschen darstellen, wie sie gesehen werden wollen, falsche Meldungen in die Weiten des Internets entlassen, die Wellen von Gewalt auslösen, einzelne zu grauenhaften Taten animieren, den Ruf Unschuldiger zerstören und mittlerweile selbst Wahlen manipulieren. Hinter der Fassade reiben sich gewiefte Geschäftemacher voller Vergnügen über die ihnen blindlings folgenden Anhänger die Hände. Rechtsfreie Räume werden zum Tummelplatz für das Böse. Manipulation werden Tür und Tor

geöffnet. Am Gefährdetsten jedoch sind jene, die uns Gott zu treuen Händen anvertraut hat, unsere Kinder. TikTok, YouTube, Facebook, Instagram, Telegram etc. heißen die Rattenfänger der Neuzeit, wenn der Umgang mit ihnen ohne Kontrolle der Eltern stattfindet. Den Gebrauch dieser besonders für Kinder faszinierenden Blendwerke des Realitätsverlustes zu verhindern, wird auch den aufmerksamsten Eltern nicht mehr gelingen. Selbstdarstellung, Narzissmus, Lügen, Computerspiele, Pornografie usw. verführen besonders die jungen Menschen dazu, der Sinnentleerung und dem Götzendienst viele Stunden am Tag zu huldigen und statt vom Wasser des Lebens, welches Jesus Christus anbietet, aus den schmutzigen Pfützen der Welt zu trinken. Der vermeintliche Segen des Internets wiegt den Fluch schon längst nicht mehr auf.
Wo das vielleicht einmal endet schildert:

Der Beinahe Zusammenstoß

Eines schönen Nachmittags ging ich auf einem Fuß- und Fahrradweg, die frische Herbstluft genießend, in unberührter Natur spazieren. Auf halber Strecke lud eine Bank zum Rasten ein. Ich hatte es mir gerade gemütlich gemacht, da wurde die Idylle jäh gestört. Ein schnaufender Jogger ließ sich humpelnd neben mich auf die Bank fallen. Meine Frage, ob er sich verletzt habe, verneinte er mit dem Hinweis, er liefe so eigenartig, da er nicht mit dem rechten Fuß auftreten wolle, um den sich unter diesem

Schuh befindlichen Hundekot nicht noch fester ins Profil zu drücken. Des Weiteren habe seine Multi-Sport-Kardio-GPS-Uhr sich aufgehängt und er müsse die Daten retten, damit er sie später auf seinem PC analysieren könne. Ich starrte ihn sprachlos an. Früher benötigte man Laufschuhe und eine Laufstrecke. Mit welcher Naivität hatte ich in jungen Jahren Sport betrieben? Fluchend entstuhlte er sodann die Sohle seines rechten Schuhs unter Zuhilfenahme von Gras und kleinen Zweigen. Dann machte er sich wort- und grußlos wieder auf den Weg. So zu sagen hinter sich den Hundehaufen, vor sich den Datenhaufen. Kaum war er verschwunden, rollte das nächste Hightecherlebnis dieses Tages in Form zweier indirekt führerlos sich aufeinander zu bewegender Kinderwagen in meinen Sichtbereich. Indirekt, weil sich zwar zwei junge, sehr junge Mütter hinter den Kinderwagen befanden, diese jedoch beide damit beschäftigt waren, einhändig den Kinderwagen zu schieben, um mit den Daumen der anderen Hand, den Kopf tief gebeugt, völlig der Welt entrückt, ihre Smartphones zu malträtieren. So sausten sie in Schlangenlinien, wie hypnotisiert den Bildschirm ihres kleinen technischen Begleiters betrachtend, auf Kollisionskurs aufeinander zu. Das mutmaßliche Katastrophenszenario beobachtend, aber immer auf dem Sprung, es nicht zum Letzten kommen zu lassen, fieberte ich dem Fortgang des Kinderwagendramas entgegen. Wobei ich anmerken muss, dass ein Eingreifen meinerseits, z. B. lautes Rufen, durch die Stöpsel in den Ohren der beiden Protagonistinnen von vorneherein zum Scheitern verurteilt war. Da sie aufgrund der Ohrmuschelbeschallung auch die Geräusche aus den Kinderwagen kaum oder nur gedämpft wahrnehmen konnten, wagte ich es erst gar nicht, mir vorzustellen, was geschah, wenn eines der Babys sich an irgendetwas verschluckte. Es würde wohl mühsam nach Atem schnappend, das gerade begonnene Leben bereits wieder aushauchen. Als die beiden noch ca. drei Meter voneinander entfernt waren, aber keine der zwei den zu erwartenden Zusammenstoß auf Grund der leise laufenden Räder ihrer Luxusgefährte registrierte, ertönte aus dem rosa Hello-Kitty-Kinderwagen ein ohrenbetäubendes Geschrei, welches die betreffende junge Mutter zwang, ihre Augen für Sekunden vom Bildschirm ihres Smartphones zu lösen. Offensichtlich hatte dieses Baby erkannt, dass es heute nicht mehr damit getan war, sich mit einem leisen Wimmern die Aufmerksamkeit der Mutter zu sichern. Sozusagen eine erste Smartphone bedingte Evolution. Diese Sekunden reichten der Mutter aber zum Glück aus, um mit einem halsbrecherischen Schwenk dem sich auf Crashkurs befindlichen blauen Bob-der-Baumeister- Kinderwagen auszuweichen. Wortlos, sich böse anblickend, schoben beide, nachdem sie wieder in die Spur gekommen waren, ihres Weges. Wie ich erkennen konnte, bereits erneut intensiv mit ihren Smartphones beschäftigt. Bestimmt teilten sie nun auf Twitter oder auf einer Beinahezusammenstoßapp oder was immer es an Nichtigkeitsmitteilungsmedien gab, ihre Fastkatastrophe an diesem sonnigen Nachmittag allen zweihundertfünfzig Freunden mit und verschwanden kleiner werdend in der Ferne. Wehmütig erinnerte ich mich an die gute alte Telefonzelle. Wann waren da schon einmal zwei zusammengestoßen? Niemand wurde damals gezwungen, beim Warten auf den Bus die komplette Zusammenfassung der Handlung von Gute Zeiten – schlechte Zeiten vom Vortag als Hörbuch in Originalfernsehlänge, so spannend wie Wasser beim Frieren im Winter zuzuschauen, mit anzuhören. Man rannte nicht aufgeregt hin und her, da der Hörer in der Telefonzelle durch die daran befestigte Schnur maximal zwei Meter Spielraum ermöglichte und das Dauergequatsche schnell an seine natürlichen Grenzen kam, denn damals kostete das noch richtig viel Geld. Obwohl Geld,

Smartphones und finanziell unorganisierte junge Menschen wären wieder ein Thema für sich. Ich schaute den beiden jungen Müttern nach und dachte, dass jede Zeit ihre eigenen Gefahren für Kinder hatte. Waren es im Mittelalter die fehlende Hygiene und noch nicht vorhandene Medikamente gegen heute eher als harmlos zu betrachtende Krankheiten, die zu hoher Säuglingssterblichkeit führten, so wird demnächst vielleicht das Smartphone die Todesursache Nr. eins für Säuglinge sein. Riesige Geschäftsfelder taten sich auf: Kinderwagen mit Pufferzonen, ABS, ESP oder, wie im gerade erlebten Fall, mit Geräten, die akustisch vor einem drohenden Zusammenstoß warnten. Helme für Säuglinge, Winter und Sommerreifen, Schnullersuchsensoren, eine automatische dritte am Kinderwagen angebrachte Roboterhand für einen eventuell noch mitzuführenden Hund, ein dem Prinzip der Rauchmelder nachempfundener Geruchsmelder usw. Kommunikation war nun mal das Geschäft der Neuzeit. Nun unterstellte ich diesen jungen Müttern nicht, dass sie ihre Kinder nicht heiß und innig liebten. Es war nur wie bei aller überbordender Technik, die das Leben vereinfachen soll: Je mehr man davon hat, desto weniger Zeit bleibt für die wirklich wichtigen Dinge im Leben, wie z. B. ein Gespräch von Angesicht zu Angesicht. Aha, Skype also, würden die jungen Menschen nun bestimmt sagen. Es gab kein zurück. Aus dieser Story kam die Gesellschaft nicht mehr heraus. Mir fiel ein, dass meine Frau und ich auch schon einmal mit dem Gedanken gespielt hatten, uns eines dieser Geräte zuzulegen. Nachdem ich aber in einem Werbeprospekt las: Smartphone UMTS/Quadband GSM, aGPS,HSPA, WLAN802.11 b/g/n, WLAN Hotspot-Funktion, Bluetooth 4.0 mit A2DP, ließen wir das. Blitzartig drängte sich mir der Gedanke auf, wie es sein konnte, dass ich auf meinem Weg zum Einkaufen mindestens drei Autofahrer sah, die während der Fahrt fröhlich mit dem Smartphone telefonierten. Anscheinend waren sie zwar in der Lage, ein derart technisch überfrachtetes Gerät problemlos zu bedienen, hatten aber nicht verstanden, dass man für das Telefonieren mit dem Handy während des Fahrens Punkte bekam, die sich bei PAYBACK nicht in Prämien umwandeln ließen. Wie auch immer. Es gab bereits erste Studien, die belegten, dass Kleinkinder häufig eifersüchtig auf die Smartphones ihrer Eltern waren, weil dem kleinen technischen Begleiter mehr Zeit und Aufmerksamkeit gewidmet wurde als dem kleinen Menschen. Von zwitschernder Fürsorge für den Einzelnen zum belanglosen Twittern mit der Community sozusagen. Ein Bekannter erzählte, er habe erlebt, dass ein Vater beim einhändigen Zusammenklappen des Kinderwagens ob all des Simsens, Twitterns und Mailens vergaß, dass sich das Baby noch im Kinderwagen befand. Jede Innovation beinhaltete halt Fluch und Segen und so lange der Fluch nicht die Oberhand gewann, musste man sich halt der Zeit anpassen. Obwohl ich immer noch skeptisch war, denn meistens endete es mit Abzocke. Sicher suchte man schon nach teuren Lösungen. Die Pharmaindustrie arbeitete vermutlich schon an einer neuen Vierfachimpfe für Säuglinge: Masern-Mumps-Röteln-Smartphone. So in Gedanken versunken setzte ich meinen Spaziergang fort und trat nach einigen Metern in genau denselben Hundehaufen wie der Jogger, was ich am Profilabdruck in der platten Masse erkennen konnte. „Na bitte, mit Hundehaufen-Erkennungs-App wäre das nicht passiert", flüsterte mir das kleine Teufelchen auf meiner rechten Schulter zu.

Nichts verdummt die Menschen mehr als ein Smartphone (deutsch: schlaues Telefon).
ISNAH EGGIW

*Wo ist die Gesellschaft oder sind die Politiker, die un-
gewollt Schwangeren eine wirtschaftliche, familien-
orientierte, liebens-und lebenswerte, menschenwür-
dige Zukunftsperspektive bieten? Wo sind die Män-
ner, die Verantwortung übernehmen? Warum traut
sich niemand zu auf den Widerspruch hinzuweisen,
dass die, die rufen, mein Körper gehört mir, jemandes
Zukunft beenden, dessen Körper ihm gehört? Wo sind
die Millionen Christen in unserem Land, die bei
104000 im Jahr 2022 getöteten Kindern im Mutterleib
mit Schildern auf die Straße gehen, auf denen steht:
Unborn Life Matter?*

Trisomien ist überall

Es geschah vor einigen Jahren in Trisomien und ist an Un-
menschlichkeit kaum zu überbieten. Doch der Reihe nach. Von
Anfang an soll hier erzählt werden, wie Menschen aufgrund ih-
res Andersseins schnell in den Fokus perverser Denkansätze ge-
raten. Matusch war ein begnadeter Fußballspieler. Großes Ta-
lent, gepaart mit hervorragendem taktischen Sachverstand so-
wie das Glück von Verletzungen verschont geblieben zu sein,
hatten ihn bereits als Teenager dem sportlichen Olymp ganz
nahe gebracht. Mit 17 Jahren war er der jüngste trisomische
Nationalspieler aller Zeiten. Von Kindesbeinen an hatte er die
Auswahlteams aller Altersstufen der Nationalelf durchlaufen
und war nach kürzester Zeit deren überragender Spieler gewe-
sen. Nun stellte man ihn schon auf eine Stufe mit Pele, Mara-
dona, Ronaldo und Messi. Der König von Trisomien war stolz,

dass sein Volk einen derartigen Ausnahmesportler hervorgebracht hatte. Das Besondere an Matusch war seine nicht zu erklärende Schusstechnik. Aus unmöglichen Winkeln sprachen seine Torschüsse den Naturgesetzen Hohn und fanden den Weg ins Tor. Das gut gehütete Geheimnis dieser Technik kannten nur Matusch und seine Eltern. Matuschs kleine Zehen waren dick wie Karotten und bogenförmig geformt. Des Weiteren waren diese kleinen Zehen aufgrund eines genetischen Defekts ganz leicht in sich gedreht. Das war des Rätsels Lösung seiner phänomenalen Schusstechnik, welche aber nur ein Aspekt unter vielen seines Könnens war. Nun war Matusch in den Kader der A-Nationalelf aufgerückt. An jenem verhängnisvollen Sonntag, an dem Trisomien das erste Mal ein Europameisterschaftsqualifikationsspiel bestreiten sollte, erfuhr Matusch, dass er von Beginn an im Kader stand. Der König von Trisomien war ein enthusiastischer Fußballfan und nahm sich das Vorrecht heraus, während Länderspielen mit auf der Trainerbank zu sitzen. Neben ihm saß dort sein heiß geliebter vierbeiniger ständiger Begleiter, Max der Mops. In der sechsten Minute des Spieles setzte Matusch gerade einmal wieder zu einem seiner unwiderstehlichen Flankenläufe an, um dann aus spitzem Winkel diesen rätselhaften Schuss abzugeben, der das Blut der Torhüter aller Gegner gefrieren ließ. Nun ist aber nichts perfekt und eine kleine Bodenunebenheit sorgte dafür, dass der Schuss eine völlig andere Richtung nahm und den mit heraushängender Zunge neben dem König auf der Trainerbank sitzenden Mops Max mit unglaublicher Wucht traf. Nach Sichtung der Fernsehaufzeichnung stellte man später fest, dass die Geschwindigkeit des Schusses, der den Mops tötete, 119 km/h betrug. Der untröstliche Matusch wurde auf Anordnung des Monarchen vom Trainer Trisomiens, der nur eine Marionette des Herrscherhauses war, sofort ausgewechselt, noch in der Umkleidekabine von den Schergen des trisomischen Geheimdienstes festgenommen und an einen unbekannten Ort gebracht. Dort verhörte man ihn 24 Stunden, um herauszufinden, wie das passieren konnte. Matusch verschwand völlig aus der Öffentlichkeit. Selbst die großen Menschenrechtsgesellschaften wie Amnesty International kamen an keinerlei Informationen. Der König setzte alle Hebel in Bewegung, um herauszufinden, warum Matusch diesen unseligen Schuss abgegeben hatte. So blieb es nicht aus, dass irgendwann das Geheimnis seiner genetischen Besonderheit gelüftet wurde. Dann verschwand Matusch und ward bis heute nicht mehr gesehen. Die Medien von Trisomien berichteten auf Anordnung des Monarchen nicht über diesen Skandal und das Ausland ging schnell wieder zum Tagesgeschäft über. Wen interessiert das Schicksal eines Einzelnen in einer kälter werdenden Welt? Der König in seinem blinden Zorn gab den Auftrag, die Füße aller Kinder seines Landes überprüfen zu lassen. 1,3 % der Kinder litten seit der Geburt an der außergewöhnlichen Verformung der kleinen Zehen. Diese Kinder durften ab sofort nicht mehr Fußball spielen. Zudem bekam jedes der Unglücklichen eine Zwangstätowierung in Form eines verdrehten kleinen Zehs auf die Stirn, damit jeder einen Menschen mit dem Maschisyndrom, wie man es im Volksmund mittlerweile nannte, erkennen konnte. Landesweit wurden pseudowissenschaftliche Symposien durchgeführt, deren Besuch für die Bürger Pflicht war. Dort wurde auf den großen volkswirtschaftlichen Schaden und die hohen Kosten hingewiesen, den dieser genetische Fehler bewirke. Es dauerte nicht lange, bis auch die Medien die Klaviatur der Stimmungsmache bedienten. In diversen Talkshows wurden Horrorszenarios heraufbeschworen, sobald die letzten Aufrechten nachfragten, inwiefern Gefahr für die Gesellschaft von derartigen Behinderungen ausging. „Stellen sie sich vor", antwortete der Gesundheitsminister von Trisomien, „ein Busfahrer fährt im Sommer mit offenem Fenster. Sein Bus ist mit siebzig Menschen besetzt. Ein Maschi spaziert über den Bürgersteig und tritt hinter eine zufällig dort liegende Cola Dose. Ihm passiert, was Matusch passierte. Er trifft nicht richtig, die Dose fliegt durch das geöffnete Busfenster, trifft den Busfahrer an der Schläfe, dieser wird ohnmächtig und da der Bus sich gerade auf einer Brücke befindet, durchbricht er das Brückengeländer und stürzt in einen Fluss. Wer aus dieser Runde will diese Gefahr einfach ignorieren?" Betretenes Schweigen. Der Gesundheitsminister schaut triumphierend in die Runde. Maschis abtreiben? Pro und Contra, so lautete der Untertitel der Talkshow. Die Umfrage vorher ergab 80 % nein, 15 % ja, 5 % weiß nicht. Nach der Sendung stimmen die Befragten mit 90 % ja, 8 % nein, 2 % weiß nicht. Irgendwann wirkte die tägliche Gehirnwäsche und die Bürger waren bis auf wenige Ausnahmen überzeugt, dass die Maschis, wie sie mittlerweile abwertend genannt wurden, eine untragbare Belastung für das Land waren. Ärzte, die nicht auf die Möglichkeit der Abtreibung hinwiesen und somit einem Maschi das Leben ermöglichten, wurden verurteilt, ihr Leben lang Unterhalt für dieses Kind zu zahlen. Urlauber in Hotels klagten auf Wertminderung und weigerten sich im selben Raum wie die Maschis zu essen, da sie annahmen, die Behinderung sei ansteckend. Die meisten Menschen von Trisomien, die sich für ein Kind entschieden, ließen daher des Anfangs durch eine Fruchtwasseruntersuchung feststellen, ob ihr Kind auch an dieser Behinderung litt. Bei positivem Befund entschieden sich 90 % zu einer Abtreibung. Um aber die Risiken einer Fruchtwasseruntersuchung zu umgehen, entwickelte die Pharmaindustrie von Trisomien einen Bluttest, mit dem man völlig einwandfrei feststellen konnte, ob das Kind am Matuschzeh, wie die Behinderung mittlerweile unter der Hand genannt wurde, litt. Die Abtreibungsquote stieg von 90 auf 100 %. Eine ganze Menschengruppe wurde ausgemerzt. Widersetzte sich ein Elternpaar dem Druck der Gesellschaft und kam trotzdem einmal ein Kind mit dieser Behinderung auf die Welt, mussten sich die Eltern den vorwurfsvollen Fragen der Mitmenschen stellen und waren ihr Leben lang geächtet. Trisomien gibt es natürlich nicht und auch die Geschichte ist nur erfunden. Sie soll zeigen, wohin eine entmenschlichte Gesellschaft driftet, die sich anmaßt, über lebenswertes und lebensunwertes Leben zu urteilen. Wir können von Glück reden, dass in unserem Land mit dem christlich geprägten Menschenbild, jedem derselbe Wert beigemessen wird und Vorgänge wie die in dieser Fabel beschriebenen undenkbar sind. In der Tagesschau wäre dann wohl das Thema über Tage der Aufreger. Die Boulevardzeitungen träten endlich einmal wirklich für das Gute ein. Die Christen, egal welcher Glaubensrichtung, würden im Namen von Jesus Christus zu Hunderttausenden auf Demonstrationen ihre Stimme erheben und Unterschriftenlisten mit Millionen von Unterstützern an die Politiker senden.

Oder etwa nicht?

Etwa neun von zehn Schwangeren lassen hierzulande nach Expertenschätzungen bei einer Trisomie einen Abbruch machen. (Quelle Ärzte Zeitung)

Ein ungeborenes Kind ist ein „IST" und wäre ein „WÄRE GEWORDEN", wenn es nicht abgetrieben worden wäre.

ISNAH EGGIW

Alles hat seine Zeit und jegliches Vornehmen unter dem Himmel seine Stunde. Geborenwerden hat seine Zeit, und Sterben hat seine Zeit; Pflanzen hat seine Zeit, und Gepflanztes ausreißen hat seine Zeit. Töten hat seine Zeit, und Heilen hat seine Zeit; Zerstören hat seine Zeit, und Bauen hat seine Zeit. Weinen hat seine Zeit, und Lachen hat seine Zeit; Klagen hat seine Zeit, und Tanzen hat seine Zeit. Steine schleudern hat seine Zeit, und Steine sammeln hat seine Zeit; Umarmen hat seine Zeit, und sich der Umarmung enthalten hat auch seine Zeit. Suchen hat seine Zeit, und Verlieren hat seine Zeit; Aufbewahren hat seine Zeit, und Wegwerfen hat seine Zeit. Zerreißen hat seine Zeit, und Flicken hat seine Zeit; Schweigen hat seine Zeit, und Reden hat seine Zeit. Lieben hat seine Zeit, und Hassen hat seine Zeit; Krieg hat seine Zeit, und Friede hat seine Zeit. Was hat nun der, welcher solches tut, für einen Gewinn bei dem, womit er sich abmüht? Ich habe die Plage gesehen, welche Gott den Menschenkindern gegeben hat, sich damit abzuplagen. Er hat alles schön gemacht zu seiner Zeit, auch die Ewigkeit hat er in ihr Herz gelegt, da sonst der Mensch das Werk, welches Gott getan hat, nicht von Anfang bis zu Ende herausfinden könnte.

Aus der Bibel Prediger 3, 1-11

Grauzone

Vor einigen Tagen begegnete mir eine Mutter mit ihrer ca. drei Jahre alten Tochter, welche in meine Richtung deutete und sprach: Guck mal, ein Opa. Ich schaute mich um. Weit und breit kein Opa. Dann dämmerte es mir, wen diese freche kleine Göre meinte. Wohl oder übel musste ich mich der Erkenntnis beugen, dass ich wohl mindestens so alt aussah, wie ich war, wenn nicht sogar älter. Erste Hinweise nahe stehender Verwandter waren gut gemeinte Geschenke zum Geburtstag, wie Knobivital oder ein Handy mit Großtasten gewesen. Aber den Gedanken, alt zu werden, schob ich vor mir her, wie der Raucher das Nikotinpflaster. Noch hielt ich mich für einen tollen Hecht. Man sagt: Der Mensch ist immer so alt, wie er sich fühlt. Natürlich war mir aufgefallen, dass ich seit geraumer Zeit schon einmal Räume im Haus betrat, ohne zu wissen, was ich dort eigentlich gerade vorhatte. Um ehrlich zu sein, an einigen Tagen nach dem Aufstehen tendierte das gefühlte Anlaufalter des Morgens eher in Richtung 80, um sich im Laufe des Tages wieder auf Echtzeitniveau einzupendeln. Ich fiel natürlich nicht auf die Verkaufsstrategie meiner bevorzugten, sich in meinem Alter befindlichen Bäckereiverkäuferin herein, die mich mit: „Was darf es denn sein junger Mann", begrüßte. Stutzig hätte ich werden müssen, als ich einer alten Dame bei der letzten Bahnreise den Koffer ins Gepäckfach hieven wollte und ein junger Mann, Marke Bodybuilder, mir diesen mit den Worten: „Na geben sie mal her, sie sind ja auch nicht mehr der Jüngste", abnahm. Auch als mir der Fahrradverkäufer partout ein Fahrrad mit tiefem Einstieg verkaufen wollte, hatte ich das noch nicht in Zusammenhang mit meinem Alter und dem entsprechenden Aussehen gebracht. Wenn ich es mir nun recht überlegte, deuteten einige instinktive Verhaltensweisen aber auf die Erkenntnis hin, dass ich mich dem Lebensherbst näherte. Hörte ich nicht in letzter Zeit vorwiegend Oldies aus meiner Jugendzeit aus Sehnsucht nach einer Zeit, die nie wiederkam? Führte nicht jeder Spaziergang am Anfang oder zum Ende kurz über den Friedhof, um die zu besuchen, die schon gegangen waren? Hielt ich mich früher für einen tollen Burschen, als ich den ersten Halbmarathon hinter mich gebracht hatte, so tat ich das heute bereits, wenn der Rasen gemäht war. Wann wandert man mehr als im Lebensherbst und Alter? Wird man naturverbundener, weil man unausweichlich der Erde näher kommt? Rein körperlich würde jeder Altmetallhändler sich die Hände reiben, wenn er aus meiner Asche die Reste mitnehmen dürfte. Die jungen Kollegen am Arbeitsplatz siezen mich plötzlich und ein besonders vorlauter hat mir letztens bei einem Gespräch über Lebensarbeitszeit den letzten Zahn gezogen, als er die Diskussion mit, „sie haben gut reden, sie haben es ja in Kürze geschafft", beendete. Ein weiteres Phänomen des älter Werdens sind die plötzlich ungebremst aus den Ohren und der Nase schießenden, Weidekätzchen ähnlichen, Haare, die bis dato eher spärlich einfach nur so da waren und von jetzt auf gleich eskalierend in die Öffentlichkeit drängeln. Die Augenbrauen, bisher still vor sich hin stehend, beschließen auf einmal ebenfalls ihr Aufmerksamkeitsdefizitsyndrom auszuleben. Entweder rückt man ihnen alle drei Tage mit der Schere auf den Leib oder outet sich als Waigel-Fan. Ach ja, eben noch um Nscho-Tschi geweint geht Winnetou in die ewigen unkorrekten politischen Jagdgründe. Eben noch im Pfarrheim unter der Discokugel zu Satisfaction getanzt und heimlich draußen Persico getrunken wird Mick Jagger achtzig. Eben noch Puch Maxi gefahren schaut man schon einmal unauffällig nach den neuesten Rollator - Modellen im Orthopädiefachhandel ... So genug gejammert, denn jedes Alter hat seine Schönheit. War ich je gelassener? Muss ich noch um Anerkennung buhlen?

Muss ich noch der Schnellste, der Größte oder der Erfolgreichste sein? Beileibe nein, die Prioritäten verschieben sich. Das zunehmende Alter und die immer näher kommende Endlichkeit bieten die Chance, jeden Tag bewusst zu leben und Gott schenkt denen, die sich nicht nur voller Zukunftsangst in seine Gegenwart flüchten oder ihn als Wundertüte betrachten, Gelassenheit und Weisheit. Ich weiß, woher ich komme. Ich kenne den Sinn des Lebens. Ich weiß, wohin ich gehe. Ein kluger Mensch hat gesagt: „Die Geborgenheit im Vorletzten schenkt mir Gewissheit im Letzten." Kann man den Glauben besser beschreiben? Ist es nicht wunderbar, wenn ein Mensch nach allen Höhen und Tiefen, nach Siegen und Niederlagen, nach Glück und Leid, nach Freude und Trauer dieses sagen kann und seinen Platz im Himmel kennt?

„Keinerlei Gruppenzwang."
Eine 104-jährige auf die Frage,
welchen Vorteil ihr ein so hohes
Alter böte.

Gott hat jedem Geschöpf auf der Erde seine Aufgabe zugeteilt. Ein christlicher Sänger hat einmal gesagt: „Wenn ich nach einem langen Tag voller Scheitern und Ärger erschöpft nach Hause komme und mich unser Hund schwanzwedelnd und voller Freude herumspringend an der Tür empfängt, bete ich manchmal, Herr, mache mich zu dem Menschen, für den mein Hund mich hält."

Eine wahre Geschichte:

Clooney schläft

Er besaß unbestritten alle Attribute, um zu einem Publikumsliebling zu werden. Genau das war der Grund, warum ihn der Züchter am Tag seiner Geburt Clooney nannte. Seit diesem Moment rief sein Erscheinen allerorten Entzücken hervor. Mit seinem Frauchen Klara Moorberg hatte Clooney, seines Zeichens ein Bolonka Svetna, von der neuen Wohnung in der Seniorenresidenz Rentnerfrieden und zusätzlich von allen Herzen der Senioren Besitz ergriffen. Geschickt seine Monopolstellung ausnutzend, sich bald hierhin, bald dorthin wendend, mit dem sicheren Gespür für denjenigen Menschen, der seiner tröstenden, aufmunternden, feuchtnasigen Stupse gerade am dringendsten bedurfte, mutierte Clooney schnell zum meist geliebten Hund der Domstadt. Destruktive Apathie und viele in einem langen Leben ungestreichelte Seelen trafen auf Clooneys leidorientierte Sensoren, die ihm, wie vielen tierischen Gefährten der Menschen, inne waren. Die Leiterin des Seniorenheimes, die Clooneys therapeutischen Nutzen immens zu schätzen wusste, stellte sich mehr als einmal die Frage, wie in ein so kleines Geschöpf ein so großes Herz passte. Hätte sein Frauchen den Liebesbezeugungen nicht ab und zu Einhalt geboten, wäre ihm sein Fell wohl bis auf die Knochen fort gestreichelt worden. Schon bald ging das Gerücht um, der kleine Hund besäße Menschenverstand. Seinen außergewöhnlichen Status genießend verbreitete er einen unwiderstehlichen Charme. Die vielen ihm heimlich zugesteckten Leckerlis hinterließen bereits erste Spuren in Form eines einem Hängebauchschwein gleichenden Bauchansatzes. In den nachmittäglichen Seniorenkaffee - Talkrunden ging die Mär um, dass er über einen unglaublichen Instinkt verfüge. Immer wieder sei er beim Besuch eines kleinen Mädchens, welches täglich kurz einmal bei ihrer Großmutter vorbeischaute, förmlich ausgerastet, trotzdem ihm das Kind mit ausgesuchter Freundlichkeit begegnete. Niemand konnte sich das wütende Bellen, Knurren und Anspringen erklären, bis ein analytisch denkender, ehemaliger Oberstudienrat des Städtischen Gymnasiums das Mädchen bat, seinen Rucksack zu öffnen. Und siehe da, auf dem Titelblatt eines linierten Schulblockes war ein Fasan abgebildet, der den offensichtlich hervorragenden Jagdinstinkt von Clooney geweckt hatte. Niemand war Zeuge dieses Phänomens gewesen und weder das Mädchen noch der ominöse Oberstudienrat waren namentlich bekannt, doch das tat der Legendenbildung um den kleinen Wadenbeißer keinen Abbruch. Wieder einmal tollte Clooney an diesem sonnigen Nachmittag zwischen den Senioren im gemütlich gestalteten Aufenthaltsraum herum und genoss das Rampenlicht. Selbst die Knurrigsten wurden beim Blick in diese braunen Knopfaugen weich, wie Wachs im Hochsommer. Gerade entließ eine Bewohnerin den kleinen Freudenspender mit strahlenden Augen aus ihren Armen, damit er einem anderen Mitbewohner ein wenig tierische Wärme vermittelte, als Clooney langsamer wurde, das Taumeln anfing und mit einem Schnaufer zur Seite fiel. Dann raffte er sich wieder auf, rannte orientierungslos vor ein Stuhlbein, um erneut alle viere von sich zu strecken. Fassungslos hatten die im Raum Anwesenden das makabre Schauspiel beobachtet. Selbst eine an Demenz leidende Bewohnerin, deren schwarzen Wolken der Kriegserinnerungen nur Clooney ab und zu einen Sonnenstrahl in Form eines Lächeln entlockte, die sonst stundenlang Monologe führend die Bombenangriffe auf die Domstadt gebetsmühlenartig thematisierte, den gerade gegessenen Apfel aber schon wieder unauffindbar in den dunklen Kellern ihrer Krankheit verloren hatte, brach in Tränen aus und rief hysterisch nach einem Notarzt. Ein anderer hatte bereits sein Notrufarmband zweckentfremdet und musste sich nun belehren lassen, dass der Notruf nur für Menschen benutzt werden durfte. Schnell stellte ein ehemaliger Krankenpfleger, mittlerweile selbst Bewohner des Seniorenheimes Rentnerfrieden, fest, dass Clooney zwar wie tot auf dem Holzparkett lag, aber sein Herz noch ruhig und gleichmäßig schlug. Vielleicht sei er vom vielen Hätscheln zu erschöpft, mutmaßten die Ersten. Sein Frauchen nahm ihn auf den Arm und begab sich mit ihm auf ihr Zimmer. Mit bebenden Fingern wählte sie die Nummer ihrer Tochter und erzählte ihr vom plötzlichen Erkranken ihres Lieblings. Diese konnte jedoch frühestens in fünf Stunden ihren Arbeitsplatz verlassen, um mit Clooney den Tierarzt aufzusuchen. Daraufhin bat die alte Dame einen Wohnheimmitarbeiter um Hilfe. Der schaute sich den friedlich schlummernden Winzling, dessen einziges aktuelles Lebenszeichen ab und zu ein reflexartiges Muskelzucken war, an und befand, dass es sich um keinen Notfall handele. Mit den Worten: „Lassen sie ihn mal in Ruhe ausschlafen und dann wird das schon wieder", ließ er Clooneys aufgelöstes Frauchen zurück. Diese hatte ihren Liebling mittlerweile in ihrem elektrischen Fußwärmer deponiert und wehrte die traubenartig auftretenden Krankenbesuche der anderen Mitbewohner an der Tür ab. „Clooney braucht Ruhe, bitte nicht stören", schrieb sie auf ein Blatt und befestigte es mit Tesa am Türrahmen. Selbst ihrer besten Freundin, die mit Klosterfrau Melissengeist vor der Tür stand, verwehrte sie den Eintritt. Einige Zeit später kam ihre Tochter. Gerade als sie die Zimmertür hinter sich schloss, erwachte Clooney, gähnte, reckte und streckte sich, kam etwas wackelig auf die Beine und schaute verständnislos in die Gesichter zweier ihn interessiert und überrascht beobachtender Frauen. Clooneys Besitzerin konnte sich von ihrer Tochter nun erst mal eine Strafpredigt über noch im vollen Leben und ewig unter Zeitdruck stehende, allein erziehende Frauen von drei Kindern anhören, die sich auch noch um ihre hysterischen Mütter kümmern müssen, deren Hunde einen überdimensionierten Mittagsschlaf hielten. Das war Clooneys Frauchen jedoch egal. Sie war froh, dass er wieder unter den Aktiven weilte und betrat, nachdem ihre Tochter ziemlich angesäuert das Wohnheim verlassen hatte, unter dem Jubel der anderen mitfühlenden Senioren mit Clooney im Schlepptau den Aufenthaltsraum. Der Prinz gab wieder seine Aufwartung und das Gefolge applaudierte. Nach dem Abendessen und einem kurzen Plausch begab sich Klara Moorberg zurück auf ihr Zimmer, um nicht den Beginn vom Winterfest der Volksmusik zu verpassen. Vorab wollte sie aber noch ihre Antidepressiva und eine Beruhigungstablette nehmen. Nach dem Tod ihres Mannes war sie im Angesicht des plötzlichen Endes einer langen, glücklichen Ehe in ein tiefes Loch gefallen und verdankte ihr Auftauchen aus der Dunkelheit einer behutsamen seelsorgerischen Therapie und dem Segen der Medizin. Schritt für Schritt kämpfte sie sich zurück in den Alltag. Sie griff in ihre Jackentasche, in der sich das Pillendöschen mit den Beruhigungstabletten befand, in das sie sich nach dem Mittagsessen die Abendpille und bereits die drei Tabletten für den morgigen Tag gelegt hatte. Überrascht stellte sie fest, dass der Deckel des Pillendöschens abgefallen war und sie wohl beim Herausholen des Taschentuches, welches sich ebenfalls in der Jackentasche befand, die Beruhigungspillen im Aufenthaltsraum verloren hatte. Wäre Clooney ein Mensch gewesen, hätte er sich nun einen Reim darauf machen können, warum er nach dem Genuss dieser vier kleinen Leckerlis, die ihm unter einem Tisch im Aufenthaltsraum vor die Schnauze kullerten, deren Geschmack aber nicht im Geringsten die überschwängliche Vorfreude rechtfertigte, von jetzt auf gleich in einen dem Tode ähnlichen Schlaf fiel. Da Klara Moorberg dem Verlust der Beruhigungspillen aber keinen weiteren Gedanken widmete, blieb das Rätsel des mehrstündigen, spontan beginnenden Komas eines kleinen Schoßhundes bis heute ungelöst.

Ein Hund schaut dich an und denkt: „Du fütterst mich, du streichelst mich, du lässt mich bei dir wohnen und du liebst mich. Du musst Gott sein".
Eine Katze schaut dich an und denkt: „Du fütterst mich, du streichelst mich, du lässt mich bei dir wohnen und du liebst mich. Ich muss Gott sein".

Verfasser unbekannt

Aus der Story kommen wir Älteren wohl nicht mehr heraus. Der technische Fortschritt schreitet unaufhaltsam voran und stellt gerade uns Silver Ager oftmals vor zermürbende Probleme. Wohin führt das alles noch? Vielleicht zu Zuständen wie geschildert in der Erzählung:

Eigentor

Eigentlich wollte ich meinem Patenkind nur einen Lederball zum Geburtstag schenken. So betrat ich voller Naivität und Ahnungslosigkeit das ortsansässige Sportgeschäft zwecks Beratung. Ein gut aussehender, braun gebrannter, vermutlich sämtliche angebotenen Fitnessgeräte selbst nutzender junger Mann kam fliegenden Schrittes auf mich zu. Es entwickelte sich ein Dialog, der Fußball für mich in ein völlig neues Licht rückte. Berater: „Guten Tag, was kann ich für sie tun?" Ich: „Ich möchte einen Lederball für mein Patenkind erwerben." Berater: „Da sind sie bei uns genau richtig. Welche Farbe schwebt ihnen denn da so vor?" Ich: „Das ist mir eigentlich egal." Der junge Mann starrte mich an, als hätte ich ihm gerade preisgegeben, dass der Papst nächste Woche heirate. „Die Farbe ist ihnen egal?", zischte er verächtlich auf mich herab. Der Typ war mindestens 1,95 m groß und schien während des Gesprächs immer größer zu werden. „Die Universität von Iowa hat in Langzeitstudien herausgefunden, dass die Farbe eines Balles maßgeblichen Einfluss auf die Karriere junger Nachwuchssportler hat. Auch namhafte Farbtherapeuten in Deutschland bestätigen diese schon lange vermutete Annahme. Der Boxer Mike Tyson zum Beispiel hatte, wie man herausfand, als Kind einen knallroten

Ball zum Spielen. Wen wundert die knallharte Aggressivität und Brutalität, mit der er durch sein Leben stolperte. Vom derzeit besten Fußballer der Welt, Ronaldo, weiß man hingegen, dass er als junger Mensch einen vielfarbigen Ball besaß. Schauen sie sich seine Virtuosität und sein unglaubliches technisches Repertoire, gepaart mit großem Talent, an. Das, was er heute ist, hat er nur seinem bunten Ball zu verdanken." Ich dachte nach. Dennis war eher ein stiller Junge. Fußballerisch nicht gerade hochtalentiert, aber für den Hausgebrauch reichte es. Ein bunter Ball schien mir somit nicht der Weisheit letzter Schluss zu sein. „Schwarz-weiß vielleicht", quetschte ich zaghaft hervor. Schwarz-weiß?" Die Person gewordene Entrüstung stand mir gegenüber. „Kick and Rush? Sonst noch was? Schwarz-weiß ist ja wohl so was von uncool, Schwarz-weiß ist out. Schwarz-weiß ist niveaulos. Schwarz-weiß ist der natürliche Feind der Kreativität. Schwarz-weiß geht in einer Zeit, in der jeder Spieler jede Position spielen können sollte, gar nicht. Unfassbar, Schwarz-weiß", presste er kopfschüttelnd heraus. „Braun eventuell", wagte ich einen zweiten Versuch. „Braun?", schnarrte er, „hatten wir das nicht schon einmal in diesem Land? Was darf es denn dazu sein? Eine überdimensionierte Deutschlandflagge und eine Flüstertüte, aus der alle dreißig Sekunden automatisch „Sieg Heil" ertönt?" „Nein, auf keinen Fall braun", verteidigte ich mich schnell, um jeden Verdacht im Keim zu ersticken. Ich hatte nicht geahnt, wie sensibel man beim Kauf eines Lederballes angesichts der unrühmlichen Vergangenheit Deutschlands vorgehen musste, um nicht in die Nähe dieser neuen braunen, unsäglichen Dumpfbacken gerückt zu werden. „Lila wäre gut", legte ich nach, um abzulenken. „Aha", schnauzte der offensichtlich intolerante, mit Vorurteilen gespickte Typ, „gibt es irgendwelche Anzeichen?" „Wofür?", fragte ich verständnislos. „Na, Gender und so", erwiderte er mir mit einem Auge zublinzelnd.

Ich bemerkte, dass ich an meine Grenzen kam. „Schlagen sie etwas vor", entfuhr es mir entmutigt. „Weiß", sagte Verkaufsgenie, „einfach und simpel Weiß. Weiß wie die Linien des Fußballplatzes, weiß wie Schnee, weiß wie Fairplay, weiß wie Friedenstauben. Kinder sollten mit Weiß beginnen und dann Jahr für Jahr etwas mehr Farbe in den Ball bringen, Ronaldo, sie wissen schon." Amen, wäre mir beinahe herausgerutscht. Ich war ja nicht blöd und erkannte sofort die dahinter stehende Verkaufsstrategie. Wenn der Typ dachte, dass ich jetzt Jahr für Jahr hier auf der Matte stand, um ein neues, etwas bunteres Exemplar für mein Patenkind zu erwerben, hatte er sich aber schwer geschnitten. „Also gut", hörte ich mich resignierend sagen, „geben sie mir einen weißen Lederball." Berater: „Welches Material?" Ich: „Hä, Lederball, welches Material? Leder vielleicht!" Klugscheißer schaute mich an, als käme ich vom Planeten „No Brain". „Ein Ball ist doch heute nicht mehr aus Leder. Bälle bestehen aus hoch strapazierfähigem Kunststoff. Das hat zudem den Vorteil großer Individualität". Meine Füße schmerzten, mein Kopf qualmte, meine Fäuste ballten sich. Das Wort Individualität wollte ich gerade überhaupt nicht hören. Es schien ein langer, qualvoller Nachmittag zu werden. „Was ist denn ihr Patenkind für ein Hauttyp?" Bunter Ball, weißer Ball, Vielfalt, gemischte Farben wirbelte es durch mein Hirn. „Mischhaut", antwortete ich impulsiv. „Ist ja klar, in dem Alter", sprach Mr. Allwissend. Da empfehle ich den Skin Saver Event, einen allergiegetesteten Ball für Mischhaut mit zusätzlichem Eventcharakter." „Eventcharakter? Damit soll doch nur Fußball gespielt werden", piepste ich zaghaft. „An welcher Haltestelle haben sie denn den balltechnischen Evolutionsbus verpasst. Ein Fußball ist doch heute nicht mehr nur rund und zum Treten da. Dieses High-Tech Produkt kann zum Beispiel je nach Wunsch mit dem leicht erhabenen Logo des eigenen Lieblingsvereins, welches sich spiegelverkehrt auf der Oberfläche befindet, erworben werden." In meinem Gesicht manifestierte sich ein Fragezeichen. Ich verstand nur noch böhmische Dörfer. „Also, ich erkläre ihnen das mal an einem Beispiel. Angenommen das Kind ist Bayern München Fan. Dann ist auf dem Ball an ca. 30 Stellen das Logo der Bayern, leicht erhöht und nicht zu entfernen, angebracht. Spielt der Junge nun auf dem Bolzplatz gegen einen 1860 München Fan und gelingt es ihm, die Stirn oder den nackten Oberschenkel des Kontrahenten mit hoher Schussgeschwindigkeit zu treffen, zeichnet sich auf der getroffenen Hautpartie deutlich sichtbar das Bayernlogo ab. Kennen sie doch bestimmt selbst noch aus der Kindheit, dass man nach einem Treffer auf die nackte Haut noch stundenlang das Muster des Balles erkennen konnte." „Aber", wagte ich einzuwenden, „Ziel des Fußballspiels ist es, Tore zu erzielen und nicht den Gegner abzuschießen. So verkommt der Fußball doch sozusagen zum Ballerspiel." Besserwisser verdrehte genervt die Augen. „Wenn sie einmal erlebt hätten, welchen tierischen Spaß die Kiddies haben, wenn der 1860 Fan den halben Tag mit einem Bayernlogo auf der Stirn herum läuft, würden sie solche unqualifizierten Einwände nicht mal ansatzweise von sich geben." Bitte Gott, dachte ich, lass ihn fragen, ob ich das Ballersystem ausprobieren möchte. Ja gerne, würde ich antworten. Auf ihrer Stirn, wenn möglich stundenlang. Lassen sie uns gleich versuchen in das Guinnessbuch der Rekorde zu kommen. Unauffällig schaute ich auf die Uhr und seufzte. Eine Stunde, um einen Ball zu kaufen. Ich gab mich geschlagen. „Ich nehme den weißen Skin Saver Event", hörte ich mich sagen, um sarkastisch hinzuzufügen, „aber Geräusche machen oder selbst Luft holen kann er nicht, oder?" Berater: „Noch nicht, aber der Hersteller arbeitet bereits an der Version 4.1 mit noch mehr Extras, dem Ball für alle Sinne!" Ich verstummte. An der Kasse der nächste

Schock. „Sie haben Glück, der Ball ist derzeit in der Werbeaktion, 137 Euro statt 189." Ich schluckte schwer. Mit einem Fünftel davon hatte ich kalkuliert. Zähneknirschend gab ich nach und kaufte dieses exorbitant teure Teil. Ein noch vorrätiges Freiburgexemplar, dem Lieblingsverein von Dennis. Was soll ich sagen. Die Freude meines Patenkindes stand in keinem Verhältnis zum Preis des Balles. Einige Wochen später erkundigte ich mich bei Dennis in Erwartung überschwänglicher Lobeshymnen, ob der Ball ihm Spaß bereite. „Tut mir leid", erhielt ich zur Antwort, „der ist gleich beim ersten Test über den Ballfang geflogen, unter ein Auto geraten und hat mit irreparablem Schaden sein kurzes Leben ausgehaucht." „Na ja", sagte ich, „hast ja noch öfter Geburtstag". Dachte aber, das ist ja wohl nicht wahr, 137 Euro, mal eben platt gemacht. Ich schwor: Ab sofort jedes Jahr, nur noch Geld ins Kuvert.

„Wenn du wirklich wissen willst, welchen Charakter ein Mensch hat, musst du mindestens 60 Minuten mit ihm Fußball spielen".

Steve Volke, Direktor des christlichen Kinderhilfswerk COMPASSION für Deutschland

Hochmut kommt manchmal vor dem Fall, wie altbekannt. Dann stößt Gott den ein oder anderen mit der Nase auf die Demut. So geschehen in der wahren Geschichte:

Der Vagabund

Ein ostwestfälischer Landregen war an jenem Tag mein Begleiter, als ich morgens aus der Tür trat, um mich auf den Weg zu meinem Arbeitsplatz zu machen. Die ersten Kunden warteten bereits vor der Tür des Reisezentrums, als ich auf diese zusteuerte, um aufzuschließen. Wie das Wetter, so war an diesem Morgen die Laune der Kunden. Ein Übriges hatte eine Dokumentation am Vorabend über die „böse Bahn" getan, die im öffentlich-rechtlichen Fernsehprogramm gelaufen war. Echte und konstruierte Pannen und Fake News hatte man so geschickt miteinander verschachtelt, dass die Bahn am Ende wieder einmal nur schlecht aussehen konnte. Die Früchte ernteten wir kleinen Lichter an der Basis. Doch wie immer blieben die Mitarbeiter des gesamten Teams nett und bewahrten die Contenance. Jeder Einzelne hatte sich über die Jahre zum Seelsorger, Hobbypsychologen, Ersthelfer und Beschwerdeempfänger weiterentwickelt. Um es überspitzt zu sagen, man machte uns an manchen Tagen für tausenderlei große und kleine Katastrophen und Missgeschicke auf der Erde verantwortlich. Allein dreimal war meine Lieblingsfrage schon in dieser Schicht gestellt worden: „Können sie mir auch garantieren, dass dieser Zug an jenem Tag pünktlich fährt?" Da ich nicht meinen besten Tag hatte, antwortete ich dem Ersten, dass ich heute Morgen zu meinem Entsetzen die Kristallkugel, mit der ich normalerweise in die Zukunft schaute, zu Haus auf dem Frühstückstisch stehen gelassen hatte. Dem Zweiten entgegnete ich: „Aha, sie haben also meine Flügel entdeckt und somit herausgefunden, dass ich ein vom Himmel gefallener Engel bin, der sämtliches Wissen über die Vergangenheit, Gegenwart und die Zukunft sein Eigen nennt!" Der Dritte, kurz vor Feierabend, hatte Pech. Diesem antwortete ich auf die Frage nach der zukünftigen Pünktlichkeitsgarantie: „Nur, wenn sie mir garantieren, dass sie dann noch leben." Zugegeben, die erste schwere Niederlage eines vermeintlichen Christen an diesem Tag, aber nicht die letzte. Dem setzte ich fünf Minuten vor Feierabend noch die Krone auf, als ein Kunde von mir erwartete, dass ich mich zum zwanzigsten Mal in dieser Schicht für die laut gestriger TV-Dokumentation eklatanten Pannen und massenhaften Verspätungen der Bahn rechtfertigte. Da ging der Gaul mit mir durch und ich erklärte ihm mit todernster Miene, dass jedes Jahr im September neue Lokführer eingestellt würden und diese sich des Anfangs schon einmal verfuhren. Der Kunde nickte zufrieden, murmelte: „Ach so" und verließ unter meinem verblüfften Blick den Schalter. Ich begab mich auf den Heimweg und erfreute mich an unserem neuen Pkw, der mit allem Zipp und Zapp modernster Technik ausgerüstet war. Klimaanlage, Musikcenter, Navi, Einparkhilfe, Funkverriegelung, Tempoautomatik etc. Wie groß und unverdient war doch das Privileg, in diesem reichen Land geboren zu sein. Hinter einer unübersichtlichen Kurve sah ich ihn. Ein alter Mann im Dauerregen, einen Koffer in der Hand, den Daumen erhoben. Diesen seltenen Anblick eines Anhalters hatte ich seit den 70er-Jahren nicht mehr gesehen und da waren es eher junge Menschen, die diese Art des Fortkommens nutzten. Ich bremste und kam in Höhe des Anhalters zum Stehen. Er öffnete die Beifahrertür und fragte, ob ich ihn bei dem Sauwetter ein Stück weit mitnähme. „Immer herein", antwortete ich jovial. Eine leichte Alkoholfahne schlug mir entgegen, als sich der Straßenrandreisende mit einem Seufzen in den Sitz fallen ließ. Dem kleinen Koffer, den er vorher auf den Rücksitz deponierte, aber auch der abgewetzten Kleidung, die der Fremde trug, sah man an, dass sie schon bessere Zeiten erlebt hatten. Wir kamen ins Gespräch. Bereitwillig breitete mein neuer Mitfahrer unaufgefordert sein verkorkstes Leben vor mir aus. Aus gut bürgerlichen Verhältnissen stammend, hatte er kurz nach seinem 50. Geburtstag seinen Arbeitsplatz verloren, dann immer mehr dem trügerischen Tröster Alkohol zugesprochen. Da seine Frau seine Lethargie nicht mehr ertrug, reichte sie die Scheidung ein. Er verlor Haus und Hof und landete in der Obdachlosigkeit. So bediente er jedes Klischee des sozialen und menschlichen Abstiegs, über das er sich in jungen Jahren noch spöttisch ausgelassen hatte, wie er voller Selbsterkenntnis und Reue anmerkte. Mit seinem Schwerbehindertenausweis, den er nach einem selbst verschuldeten Unfall als Fußgänger unter Alkoholeinfluss besaß, durfte er den Nahverkehr in Deutschland frei nutzen, was er reichlich tat. Ein ruheloser Mensch sei er und stets unterwegs, um nicht in irgendeiner dunklen Ecke einer fremden Stadt elendig zu vegetieren. Zu seinem Glück träfe er immer wieder auf nette Menschen, die ihm halfen. „Sie sind Christ?", fragte er dann und deutete auf das am Rückspiegel baumelnde Kreuz. Ohne eine Antwort abzuwarten, fuhr er fort. „Mit Christen habe ich nur die besten Erfahrungen gemacht. Die haben immer eine Mahlzeit für mich, eine Duschmöglichkeit und ein Bett zum Übernachten. Nie wurde ich abgewiesen". Ein Stich fuhr in meinen Magen, da ich mir ausmalte, was nun kommen würde. Wie sollte ich das Mitbringen dieses Vagabunden meiner Familie erklären? Für irgendetwas in der Ferne spenden, Unterschriftenlisten unterschreiben, am Sonntag in die Messe gehen. Das war doch bisher eher mein Christenleben gewesen. Wann waren mir schon einmal so hautnah

Armut, Hilflosigkeit und Schmutz begegnet? Händeringend suchte ich nach Ausreden. Mir fiel keine ein. Okay Gott, dachte ich, erwischt. Irgendwie wird das schon klargehen. In diese meine wenig den Nächsten liebenden Gedanken sprach mein Gast hinein: „Würden sie wohl bitte einen kleinen Umweg machen? Wenn sie dort vorne rechts abbiegen, kommen sie zum Pfarrhaus der Gemeinde. Die dort lebenden Menschen sind Christen voller Nächstenliebe und geben mir immer wieder für ein paar Tage Quartier. Es wäre nett, wenn sie mich dort absetzten". Ein mittleres Gebirge stürzte von meinem Herzen. Freudig bog ich ab und ließ meinen Reisebegleiter, der sich überschwänglich bedankte, am Gartentor der Pfarrerfamilie aussteigen. Abends las ich beschämt in der Bibel, dass wir jenes, was wir den Kleinsten an Gutem tun, an Jesus tun. Sind wir nicht erstarrt in Traditionen und Riten? Wie christlich leben wir den Rest der Woche, nachdem sich die Tür der Kirchengemeinde am Sonntag beim Hinausgehen hinter uns schließt? Was setzen wir, die wir uns Christen nennen, im täglichen Leben von dem, was Jesus uns aufträgt zu tun, um? Einmal mehr wurde mir bewusst, welches große Privileg es ist, dass wir die Bedienungsanleitung für unser Leben, die Bibel, von Gott geschenkt bekamen und dass Jesus unsere Schuld und unser Versagen an das Kreuz getragen und gesühnt hat. Jeden Tag haben wir somit die Chance, neu zu beginnen und ernsthaft am Reich Gottes bereits jetzt hier auf Erden mitzubauen.

„Freundliche Worte".
Ein Obdachloser auf die Frage nach seinem
größten Wunsch

Wer ist schon perfekt? Auf meinem bisherigen Lebensweg ist mir niemand begegnet, von dem ich das behaupten würde. Murphys Law ist allen denen gewidmet, die zehn Daumen ihr Eigen nennen und sich trotzdem von Gott geliebt und wertgeschätzt wissen:

Murphys Law

Kann Gott aus einer Handvoll Schrauben und einigen Brettern ein stabiles Regal machen, wie ein bekannter christlicher Journalist es einmal behauptete? Er kann. Ich bin das lebende Beispiel. Es gibt Menschen, die aus zwei Möglichkeiten, von denen eine falsch ist, grundsätzlich die falsche wählen. Einer dieser Spezies bin ich. Irgendwann im Leben arrangiert man sich aber damit und nimmt diese Laune der Genetik gelassen hin. Immerhin plätschert ein solches Leben nicht langweilig vor sich hin, denn es hält jeden Tag ein Füllhorn der Überraschungen und Unwägbarkeiten bereit. Positiv betrachtet koste ich meine Lebenszeit voll aus, da ich einen Großteil meiner Lebenszeit damit beschäftigt bin, krumm gemachte Dinge wieder gerade zu biegen. Das beginnt schon beim wöchentlichen Einkauf. Gibt es von einem Produkt verschiedene Ausführungen und jemand bittet mich, dieses Produkt in der oder der Version mitzubringen, erwische ich mit schlafwandlerischer Sicherheit die falsche. Stehe ich an einer Weggabelung und entscheide mich für einen Weg, der mich eigentlich zu einem wichtigen Termin führen sollte, wähle ich instinktgesteuert den falschen. Sollte es doch einmal der richtige Weg sein, so wird nach kurzer Zeit ein Schild auftauchen: „Vollsperrung wegen Bauarbeiten, Umleitung ist ausgeschildert!" Die Umleitungsschilder hat natürlich ein Verkehrsschildfetischist am Vorabend entwendet oder ein

Witzbold so verdreht, dass per Notruf herbeigerufene Polizisten mich auf einem Waldweg außerhalb der Zivilisation vor dem Verhungern und Verdursten retten müssen. Ich erwische in den meisten Fällen eine neue Jeans, deren Reißverschluss beim dritten Tragen, natürlich mitten in der Stadt nach einem Toilettenbesuch, den Geist aufgibt und mich zwingt, den Heimweg mit vor den Lenden gefalteten Händen anzutreten. Raten sie, wer im Restaurant das Steak mit den meisten Sehnen bekommt? Kleine Steinchen auf der Autobahn warten förmlich darauf, dass ich mit meinem Pkw auftauche, um in Augenhöhe sternförmige Löcher in meine Windschutzscheibe zu integrieren. Ziehe ich mit Schwung ein Rollo hoch, erwische ich ab und an ein Stück Gardine mit, deren abgerissener Fetzen in Zeitlupe zu Boden schwebt, manchmal gefolgt von einer polternden Gardinenstange. Irgendwann gab ich auf zu zählen wie viele technische Geräte ich durch ungeduldig angewandte Kraft, mit der mich der Schöpfer reichlich gesegnet hat, zerstört habe, weil sie keinesfalls die in der Bedienungsanleitung versprochene, kinderleichte Handhabung ihr Eigen nannten. Wer wissen möchte, wie weit Rote Bete springen, die man mit einer stumpfen Gabel aufzuspießen versucht und was für Flecken sie auf weißen Festtagsdecken hinterlassen, wende sich vertrauensvoll an mich. In meiner Anfangszeit als stolzer Besitzer eines neuen Computers, es muss um das Jahr 2000 gewesen sein, hielt ich „ERROR" als immer wieder auftauchenden Begriff in der Systemzeile, für den Namen des Internetbrowsers. Herstellern von Elektrokabeln bin ich der treueste Abnehmer, denn als ökologisch korrekter Nutzer von Elektrogeräten jeglicher Art, erstaunt es mich immer wieder auf das Neue, wie viel Möglichkeiten es gibt, ein Elektrokabel zu durchtrennen. Gelingt es irgendwo einem besonders aggressiven Kampfhund seinem Besitzer zu entwischen, so treffen Hund und ich an einem Ort aufeinander, an dem weit und breit keine Hilfe zu erwarten ist. Verführerisch rotbäckige Äpfel in Sechserpacks lagern, heimtückisch auf mich wartend, in ihrem mit Folie überzogenen Styroporbett beim Lebensmitteldiscounter und wackeln spöttisch mit ihren Stielen, wenn ich zu Hause die verborgenen faulen Stellen auf der dem Blick abgewandten Seite entdecke. Schlüssel und Münzen jeglicher Art fallen mir grundsätzlich über einem Gullydeckel aus der Hand. Weil ich es leid war, meinen Autoschlüssel immer nur durch die zugesperrte Tür sehnsüchtig im Zündschloss zu betrachten, war ich einer der Ersten, der sich ein Auto anschaffte, welches durch Funkfernbedienung zu verriegeln war. Kochen oder Hausarbeit ist für mich mit viel Zeitverlust verbunden, da ich überwiegend damit beschäftigt bin, Katastrophen rückgängig zu machen. Im Supermarkt stelle ich mich mit hoher Wahrscheinlichkeit in die Schlange, an deren Kasse gleich die Papierrolle erneuert werden muss, der Kartenleser versagt oder ein Kunde einen Schwächeanfall erleidet. Mehr als einmal stand ich dort auch schon einmal mit dem falschen Einkaufswagen, da ich, um schneller zu sein, den Wagen irgendwo deponierte, um die Waren zum Wagen, statt den Wagen zu den Waren zu bringen. Diese selbe Idee hatte scheinbar auch der ein oder andere Einkäufer und das Schicksal nahm in Form vertauschter Einkaufswagen seinen Lauf. An der Pfandflaschenrückgabe ist die erste Flasche noch nicht ganz im Schacht verschwunden, schon ertönt ein ohrenbetäubendes Geräusch und im Display erscheint: „Vorläufig außer Betrieb, das Verkaufspersonal ist benachrichtigt!" Das ist aber nach meiner Erfahrung nicht so zu interpretieren, dass es auch kommt. Vielleicht erfolgte die Benachrichtigung an einem anderen Ort in einem anderen Markt, wie ich schon einmal aufgrund exorbitanter Wartezeit mutmaßte. Tanke ich gerade zu einem vermeintlich günstigen Preis, so sinkt er Sekunden nach Einhängen der Zapfpistole aus unerfindlichen Gründen auf ein neues Jahrestief. Zwei Sekunden abgelenkt durch ein Plakat in meiner Hausbank, ziehe ich meine Bankcard nicht schnell genug aus dem Kartenschacht und schon wird sie mir weggefressen. Im Display steht eine Telefonnummer, die nun benachrichtigt werden muss, damit sie von einem Bankbediensteten entnommen werden kann und den Weg zurück zu mir findet. Natürlich ist gerade Mittagspause und das Personal der Bank, welches mir helfen könnte, kehrt laut Aushang erst in zwei Stunden von der Pause zurück. Spatzen läuft bei meinem Anblick das Wasser im Schnabel zusammen, denn das gefiederte Gesindel wartet nur auf die von mir ausgebrachte Rasennachsaat im Frühling und sitzt bereits mit lüsternen Augen in der Hecke, als hätte ein Spatzenspion in unserer Dorfgärtnerei zeitnah den Kauf der Rasennachsaat per Vogelfunk an die Federkohorten gemeldet. Für den kärglichen Rest des Rasensamens, den die fliegenden Mundräuber übrig lassen, gilt, dass Engerlinge mit traumwandlerischer Sicherheit meinem Traum von grünem Rasen den Garaus machen. Ich stoße mir regelmäßig die Oberschenkel mit so brachialer Gewalt an Kanten von Möbelstücken, dass ein Tritt von Gattuso, einem italienischen Fußballgrobian, der während seiner Karriere keine Gefangenen machte, vergleichsweise unter Zärtlichkeit verbucht werden könnte. Unzählige Male wurde ich von wütenden Autofahrern bedrängt, da ich die Unverschämtheit wagte, mich an Geschwindigkeitsbegrenzungen zu halten. Träumte ich einmal vor mich hin, wurde ich prompt geblitzt, und zwar an einer Stelle, an der man die Entdeckung eines bis dato unbekannten Eingeborenenstammes eher für möglich gehalten hätte. Meine Jacke bleibt in der Autotür hängen, als ich aussteige. Ein Brillenglas zersplittert, als ich den eingeklemmten Jackenteil mit Schwung herausziehe und der Reißverschluss gegen das Glas knallt. Schrauben, Nägel und andere spitze, scharfe Dinge warten förmlich darauf, sich in meine Autoreifen zu bohren. Ich setze mich mit der nicht farbechten Billigjeans bei einer Einweihungsparty auf die cremefarbige Colani-Couch der neuen Nachbarn. Brote fallen mir immer auf die beschmierte Seite. Während total spannender Fußballspiele, vornehmlich während des Elfmeterschießens, bricht für meinen Fernseher der Satellitenempfang zusammen. Obdachlose picken mich aus Hunderten von Passanten in der Einkaufsstraße heraus, um mich um einen Euro zu bitten. Wenn ich mich dann kleinlaut traue, den Fünften abzuwimmeln, diene ich sicher als abschreckendes Beispiel eines Unmenschen in einer Dokumentation über Nächstenliebe und soziale Kälte, für die die Situation vom WDR nur gestellt wurde. In Mon Cheri Pralinen erwische ich den einzigen Kirschkern der Jahresproduktion. Um neue Farbkombinationen teurer Kleidung zu kreieren, benötige ich nur eine Waschmaschine. Firmen, deren Aktien ich erwerbe, sollten schon einmal nach einem guten Insolvenzverwalter Ausschau halten. In der Tierwelt würde man Rotwein, Ketchup und Speiseöl als meine natürlichen Feinde bezeichnen. Bei Gewittern halten sich Bekannte ungern in meiner Nähe auf. Wenn wieder einmal ein Satellit kontrolliert aus der Umlaufbahn gebracht werden soll und der Ort des Absturzes noch unklar ist, könnte ich den Experten wertvolle Tipps geben. Ich schneide mich an Papier, mir kippt der offene Farbeimer auf den Teppichboden, bevor ich diesen mit Folie abdecke. Erdnüsse, kleine Muttern, Schrauben und ähnlich Winziges rollen mir bis in den hintersten Winkel unter tonnenschwere Schränke, unter die man nicht mit den Fingern, geschweige denn mit der ganzen Hand greifen kann. Gelingt es mir ausnahmsweise einmal, einen Dübel ohne fußballgroße Bohrlöcher in die Wand zu bekommen, bricht mir anschließend der Schraubenkopf beim Festschrauben ab. Versuche ich dann, den Dübel mit dem Schraubenrest wieder herauszubekommen, stürzt der Putz auf vierzig mal vierzig Zentimetern mit von der Wand. Mein Hausarzt ist mittlerweile Experte darin, meinen Zeigefinger nach dem Gebrauch von Sekundenkleber verletzungsfrei vom Daumen zu trennen. Ich drehe die falschen Hähne auf und zu, ich drücke die falschen Knöpfe und ziehe die unwirksamen Hebel. Ich erwische Montagsautos, Montagsmaschinen, Montagslebensmittel, kurz, ich bin der potenzielle Abnehmer sämtlicher möglicher Montagsprodukte des Planeten Erde. Aber nun genug davon, warum macht denn der Schnellkochtopf so komische Geräu

Die Titanic wurde von Profis gebaut, im Gegensatz zur Arche Noah.

Arno Backhaus

Kurz nur ist die Zeit, die wir mit unseren Kindern ver-
bringen dürfen. Lassen wir sie nicht durch die Jagd
nach Besitz, Konsum, Anerkennung und Ehre unge-
nutzt an uns vorbeirauschen. Sie kommt nie zurück.
Wunderbare Anekdoten werden im Alter zu Edelstei-
nen der Erinnerung, wie z. B. die wahre Geschichte:

Wenn ihr nicht werdet...

Unsere Universalfernbedienung ist verschwunden. Spurlos.
Eine Katastrophe, wenn man bedenkt, wie viel Schweiß, Herz-
blut und durch Wut verkürzte Lebenszeit an dieses, laut Bedie-
nungsanleitung, „kinderleicht zu programmierende" Wunder-
werk der Technik verschwendet wurde. Nachdem Bill Gates
höflich aber bestimmt die Mithilfe beim Programmieren aus
Termingründen ablehnte (Scherz), hatte ein hilfsbereiter Ar-
beitskollege, der vor vielen Jahren drei Semester Informatik
studierte, das Ding nach nur sechs Stunden seiner Bestimmung
zugeführt. Aber jetzt ist Schluss mit Bespaßung durch Ton und
Bild, denn, wie gesagt, die Fernbedienung ist weg. Als potenti-
eller Verlierer, Verleger und Verwechsler, gerate ich schnell ins
Visier der ehefraulichen Inquisition. „Denk mal in aller Ruhe
nach, wann du sie zuletzt in der Hand gehabt hast und wohin
du mit ihr gegangen bist. Es kann doch nicht so schwer sein, das
Schritt für Schritt zurückzuverfolgen", lautet ihr noch geduldi-
ger Rat. Zähneknirschend gebe ich ihr insgeheim, aber nicht
akustisch, Recht. Nun denn, ich beginne zu suchen und beneide
im Stillen unseren dreijährigen Sprössling Samuel, der es sich,
nuckelnd hingefläzt mit einer Teeflasche, auf dem Sofa bequem

gemacht hat und interessiert beobachtet, wie ich unter Stöhnen und Ächzen erfolglos unter sämtliche Möbel schaue, um das Objekt der Begierde zu finden. Sollte ich das Gerät vielleicht unbeabsichtigt mit zum Meerschweinchen füttern genommen haben? Die Meerschweinchen quieken in heller Aufregung, als ich um die Ecke biege, denn unter normalen Umständen bedeutet das für diese zu Lebewesen mutierten Fressmaschinen, dass einer ihrer Menschen mit irgendetwas Leckerem erscheint. Ich öffne den Stall, durchwühle das Stroh unter den Blicken völlig verwirrter Nager, nichts! Enttäuscht verlasse ich enttäuschte Meerschweinchen, wenn auch jeder aus seinen eigenen Gründen. Schade, aber den Versuch war es wert. Im Werkzeugkeller, aus dem ich heute Morgen einen Schraubendreher geholt habe und der im Übrigen nicht mein bevorzugter Ort als Inhaber von zehn Daumen ist, entdecke ich zwar hinter einem alten Karton eine Single aus den Siebzigern und frage mich, wie die wohl dorthin kommt, doch nirgends die Universalfernbedienung. Nach zweistündiger ergebnisloser Suche mache ich es mir zwecks schöpferischer Pause mit einem Kaffee im Sessel bequem und beobachte, wie Samuel vertieft in seiner eigenen kleinen Welt mit Duplosteinen spielt. Meine Gedanken schweifen ab. Ich seufze und frage mich, wohin meine unbeschwerte Kindheit so schnell verschwunden ist. Vieles lernt man und braucht es nicht. Vieles lernt man und versteht es nicht. Vieles lernt man und vergisst es gleich wieder und ganz vieles lernt man und lernt nichts daraus. Eigentlich sollte man in der Schule die Kinder gleich auf die vielen alltäglichen Dinge einer immer komplexer werdenden Welt vorbereiten, anstatt sie mit unnötigem Wissen vollzustopfen, welches man selten braucht. Kinder sollten zu Beispiel im geeigneten Alter lernen, was für Versicherungen man benötigt, oder dass bei den meisten Autos der

Motor platzen kann, wenn man nicht bei 80000 km den Zahn-riemen wechselt, oder, was heute noch viel wichtiger ist, dass man das passende Kleingeld auf dem Konto haben sollte, um die Handyrechnung oder die aus dem Internet georderten Waren bezahlen zu können. Oder, wobei das vielleicht nicht ganz so wichtig ist, mich aber aus nahe liegenden Gründen derzeit umtreibt, wie man eine Universalfernbedienung programmiert (und wiederfindet). Nachdenklich beobachte ich den kleinen, geliebten Wicht, der gerade mit einem für ihn wohl ebenso wichtigen Problem kämpft, nämlich mit seinen noch etwas un-geschickten Patschhändchen zwei Duplosteine ineinander zu bekommen. Zum Ende unseres Lebens werden wir wohl nur wenige Rätsel dieser Welt entschlüsselt haben. Mit der Er-kenntnis, dass wir eigentlich so gut wie nichts wissen, gehen wir dann schon wieder. Mit diesem letzten Gedanken und dem letz-ten Schluck aus der Kaffeetasse beende ich meinen philosophi-schen Diskurs und setze die unerfreuliche Suche nach dem ver-schwundenen Wunderwerk der Technik fort. Samuel hat mitt-lerweile auch die beiden Steine zusammengesteckt bekommen und tapst freudestrahlend damit durch das Zimmer. Augen-blicklich habe ich beim Blick in sein glückliches Gesicht ein Deja Vu. So und nicht anders habe ich ihn heute Morgen mit der Uni-versalfernbedienung durch den Raum laufen sehen. Ich schnappe mir den kleinen Wicht und frage: „Samuel, wo ist die Universalfernbedienung?" Sofort wird mir klar, dass ich auch genauso gut einen Eisbären am Nordpol nach den Endspielteil-nehmern der Schachweltmeisterschaften 1965 hätte fragen können. Also neuer Versuch in einfacher Sprache. „Samuel, wo ist der Apparat?" Verständnisloser Blick! „Samuel, wo ist das Ding mit den Knöpfchen, an denen du immer so gerne herum-spielst" (und die Lautstärke auf die höchste Stufe stellst, so dass, wenn man die Stereoanlage einschaltet, die Tauben, ohne die Flügel zu bewegen vom Dach fliegen, füge ich in Gedanken hinzu). „Du musst die Schuld nicht immer bei anderen suchen", wirft meine, auf der Durchquerung des Wohnzimmers zur Küche vorbeikommende Frau, meine Bemühungen torpedierend, kontraproduktiv in den Raum. „Ich bin mir aber sicher", quetsche ich zwischen zusammengebissenen Zähnen hervor, ohne den Satz zu vollenden, um mir weitere Diskussionen zu ersparen. Und dann weiß ich plötzlich, für was all das viele Lernen im Leben gut war. Nämlich dafür, dass ein 37-Jähriger mit beiden Beinen im Leben stehender Mann einen dreijährigen Dreikäsehoch austricksen kann. „Komm, wir spielen Sachen verstecken", sage ich heuchlerisch zu Samuel. Das ist eines seiner Lieblingsspiele. „Ich halte mir die Augen zu und du versteckst dieses Ding". Ich drücke ihm meinen Taschenrechner in die Hand, der der Universalfernbedienung sehr ähnlich sieht. Freudig ergreift der kleine Mann den Taschenrechner. Ich halte mir die Augen zu und linse etwas durch die Finger. Zielstrebig dackelt er Richtung Wohnzimmerschrank, stellt sich dort angekommen mühsam auf die Zehenspitzen, zieht mit einer Hand die unterste Schublade einen Spalt breit auf, wirft den Taschenrechner hinein und schließt die Schublade. „Kann ich jetzt suchen?", frage ich scheinheilig und durchwühle zu seiner Freude erst einmal ein paar unsinnige Verstecke. Dann nähere ich mich der Wohnzimmerschrankschublade, öffne sie und wie erhofft liegt neben dem Taschenrechner friedlich schlummernd die Universalfernbedienung. Mir treten vor Freude fast die Tränen in die Augen. Endlich. 37 Jahre und schon alterweise.

Wenn ein Kind Probleme schafft, müssen die Probleme beseitigt werden, nicht das Kind.
Arno Backhaus

Die Nachtschicht war beendet. Der Frühdienst löste mich ab. Auf dem Weg zum Parkplatz viel mir ein noch wichtiges Detail der Übergabe ein. So drehte ich um und rief meinem Kollegen durch das geöffnete Fenster die Information zu. Der Zeitaufwand betrug vielleicht zehn Sekunden. Kurz vor der Ankunft am Wohnort sauste, warum auch immer um diese frühe Stunde, plötzlich ein etwa drei- bis vierjähriges Kind auf einem Bobbycar aus einem Seitenweg kommend, so knapp über die Hauptstraße, dass Bremsen nichts mehr genutzt hätte. Um ein Haar hätte ich das Kind erwischt. Zu Hause angekommen, wurde mir bewusst, dass ich genau die wenigen Sekunden später an die Stelle gekommen sein musste, die ich für das Informieren meines Kollegen gebraucht hatte. Wie oft ändern Sekunden und Situationen unser Leben, ohne dass wir es merken:

Andersen verändert die Welt

Wo bekommt man heute noch selbst hergestelltes Sauerkraut? Andersen hatte sich an dieser Köstlichkeit, die es alle 14 Tage im ortsansässigen Tante-Emma-Laden zu kaufen gab, am Vorabend rundum satt gegessen. Nun kämpfte er seit Arbeitsbeginn mit den Nachwirkungen der Kohlorgie. Da er sich förmlich gasangetrieben durch seinen kleinen Arbeitsraum bewegte, wusste er an solchen Tagen zu schätzen, dass er alleine arbeitete. Seit 15 Jahren war er nun Schrankenwärter. Alle 30 Minuten waltete er seines Amtes und schloss fernbedient per Knopfdruck die Schranken, die in seinen Zuständigkeitsbereich fielen. Heute konnte er die Durchfahrt der Regionalbahn 75411 kaum abwarten, denn es trieb in backbord äußerst dringlich. Kaum hatte der Zug den Gefahrenbereich verlassen, öffnete Andersen mit schnellem Druck auf zwei Tasten die Schrankenanlage und machte sich hurtigen Schrittes auf, die Stoffwechselendprodukte des Sauerkrauts den Weg des Vergänglichen gehen zu lassen. So hätte alles seinen normalen Lauf nehmen können. Doch Andersen hatte die Tasten des Bedienpultes nicht fest genug betätigt und auch das kleine gelbe Kontrolllicht, welches ihm das ordnungsgemäße Öffnen der Schranken anzeigte, aufgrund seines darmspezifischen Stresses nicht genau registriert. Andersen der schnurstracks die Treppe hinunter in den unteren Bereich seines Schrankenwärterhäuschen gespurtet war, wo sich die Toilette befand, bemerkte nicht, dass die Vollschranken geschlossen geblieben waren. Sieben Autos nebst ihren Insassen standen wartend vor der geschlossenen Schranke, darauf hoffend, nicht zur falschen Zeit am falschen Ort zu sein. Ein Engel, der Eisenbahnen liebte und auf seiner Mission, in dieser Welt das Gute zu mehren, auf dem Dach des Schrankenwärterhäuschens eine Rast einlegt, um die schienengebundenen Handlanger des Fernwehs mit glänzenden Augen zu betrachten, beobachtete die vor der Schranke wartenden Menschen. Einige Eigenschaften, die Gott in uns Menschen nicht hineingelegt hat, sind den Engeln inne. Wir sehen nur die Gegenwart und somit Bruchstücke unserer Existenz, doch die Engel können im zeitlichen Raum auf das Ganze sehen. Einmal mehr wunderte sich der Himmelsbote, dass eine solche kleine Ursache, wie das Vergessen die Schranke zu öffnen, die Menschenleben fundamental verändern konnte. Im ersten Auto vor der

Schranke befand sich die achtundzwanzigjährige Dunja Rittersporn. Sie war auf dem Weg zur Arbeit. Seit sieben Jahren leistete sie dort aufopferungsvolle Dienste im Sekretariat der Rechtsanwaltkanzlei Möller und Sohn. Eigentlich war sie recht zufrieden. Zum ganz großen Glück fehlte ihr jedoch ein Partner, den sie sich auch sehnlich wünschte, da ihre Lebensplanung Ehefrau und Mutter zu werden als erstrebenswerte Option beinhaltete. Den Richtigen hatte sie aber trotz ihres lieblichen Aussehens und einiger Romanzen bisher nicht gefunden. Im zweiten Auto schaute Dieter Mantasl seit geraumer Zeit immer wieder einmal in den Rückspiegel des vor ihm stehenden PKW. Einige Male waren sich die Augen der beiden Protagonisten schon unbeabsichtigt begegnet. In einer Zeit der Beliebigkeit hatte sich auch dieser junge Mann geschworen, sein Herz erst zu verschenken und sich zu binden, wenn er die Frau seines Lebens träfe. Beide ahnten noch nichts von dem partnerspezifischen Hauptgewinn, der ihnen vor der Schranke beschert wurde. Nach einer geraumen Wartezeit kreuzten sich die Blicke der beiden öfter und öfter, bis Mantasl allen Mut zusammennahm, ausstieg und sich mit der in dem Wagen vor ihm, mit Herzklopfen sitzenden, Dunja Rittersporn für den folgenden Sonntag zum Abendessen verabredete. Aus dieser Zufallsbekanntschaft entwickelte sich eine Musterfamilie mit drei wunderbaren Kindern und allen Höhen und Tiefen, die Ehen und Elternschaft über die Jahre mit sich brachten. Im Auto Nr. drei saß Walter Wirth. Erst vor kurzem hatte er einen Bypass bekommen. Damit zollte er einem Leben voller Stress mit sämtlichen Begleiterscheinungen Tribut. Sein jähzorniger Charakter, verbunden mit Alkohol, Nikotin und Maßlosigkeit beim Essen, hatten sein Übriges getan, dass seine Gefäße die ihnen zugeordneten Aufgaben nicht mehr oder nur noch in geringem Umfang erledigten. Selbst die Betablocker konnten seinen Zorn wegen der Wartezeit vor der Schranke nicht mildern. Mit hochrotem Kopf ließ er eine Schimpfkanonade, nicht ahnend, dass es die letzte seines Lebens war, auf die Bahn los. Drei Stunden später fand seine Frau ihn tot in seinem Fernsehsessel sitzend, an einem Herzinfarkt verstorben. Jens Karpf war 18 Jahre alt, hatte gerade seinen Führerschein erhalten und wäre, wenn Anderson die Schranke nicht geschlossen gelassen hätte, auf dem Weg zu Friseur unter sorgfältiger Beachtung aller Verkehrsregeln, Benzinsparmaßnahmen und Geschwindigkeitsbegrenzungen um 14.12 Uhr in der Bethanienstraße am Haus Nr. 34 vorbeigefahren. Durch Andersons Faux Pas fuhr er dort glücklicherweise erst um 14.25 Uhr vorbei. Genau um 14.12 Uhr entwischte nämlich der dreijährige Balthasar seiner Mutter mit seinem Laufrad und raste trotz ihres entsetzten Schreiens mit dem Spielgerät aus der Ausfahrt des Hauses Nr. 34 mitten auf die normalerweise viel befahrene Bethanienstraße. Zum Glück kam gerade weit und breit kein Auto ...

Frieder Jablonski bereitete sich in Gedanken auf ein wichtiges Vorstellungsgespräch vor. Er saß im Auto Nr. fünf und hatte einen festen Termin, der nun Minute für Minute, wie er glaubte, zerrann. Er ahnte noch nicht, dass er Recht hatte, denn den Job bekam er aufgrund seiner Unpünktlichkeit nicht. Die Vorstellungsgespräche waren so eng getaktet, dass er nicht mehr dazwischen rutschte. Es sei aber erwähnt, dass sich das vermeintliche Pech für ihn zu einem Volltreffer entwickelte. Der angehende Maschinenbauingenieur bekam letztendlich einen in jeder Beziehung weitaus attraktiveren Job bei einem Global Player. Bert Liebig, im Auto Nr. sechs, wäre bestätigt worden, was er schon seit Wochen vermutete, wenn er nicht vor der Schranke geweilt hätte. Da er noch jede Menge Überstunden vor sich herschob, machte er an diesem Tag etwas eher Feierabend. Nur die geschlossene Schranke verhinderte, dass er seine Frau zusammen mit ihrem Liebhaber in flagranti erwischte und mit einem Küchenmesser auf ihn losging. Trotzdem zerbrach die Ehe einige Monate später. Im siebten und letzten Auto saß Adele Mommsen mit ihrem Mann. Sie nannten ein Bahnticket ihr Eigen und verpassten in den Minuten vor der Schranke die Abfahrt des ICE vom Bahnhof der Stadt, auf dem ihre Reise beginnen sollte. Von alledem ahnte Andersen nichts, als er fröhlich pfeifend, wieder völlig druckfrei, die Treppe des Schrankenwärterhäuschens emporstieg. Entsetzt blickte er durch die Panoramascheibe auf die seit dreizehn Minuten geschlossene Schranke, öffnete sie mit einem Tastendruck und zog sich ein wenig aus dem Blickfeld zurück, um nicht den vorwurfsvollen Blicken der Autofahrer ausgesetzt zu sein. Erstaunt über Gottes Wege, die Geheimnisse des menschlichen Lebens und vor allem darüber, was ein klitzekleiner Tastendruck für Auswirkungen auf das Schicksal einiger Menschen haben konnte, machte sich der Engel nach einem letzten Blick auf die in der Sonne glänzenden Schienen wieder auf den Weg zu seiner nächsten Aufgabe.

Corona hat uns gelehrt, dass selbst auf die guten alten Sprichwörter kein Verlass mehr ist, denn es hat definitiv Auswirkungen, wenn in China ein Sack Reis umfällt.

ISNAH EGGIW

Wie abgestumpft muss man sein, sich daran zu ergötzen, wenn Menschen mutwillig vorgeführt werden?
Die Einschaltquoten von Sendungen, die eben jenes bieten, lassen nichts Gutes erahnen. Der Schaden der für junge Menschen daraus entsteht, hat vereinzelt zerstörerische Wirkung. Doch auch alte Menschen laufen die Gefahr, dass die irgendwann Opfer ihrer eigenen Jugendsünden werden:

Deutschland sucht den Supersenior

Wieder einmal saß ein Millionenpublikum vor dem Fernseher und die Macher bescherten einem nach Demütigung, Entwürdigung und Erniedrigung lechzenden Publikum dieses erhebende Gefühl, welches andere klein macht, um selber leidlich groß zu erscheinen. Die Alterspyramide im Land hatte sich eindeutig zu Gunsten der mittlerweile am schnellsten wachsenden Bevölkerungsgruppe, den Senioren, verschoben. Deutschlands größter und erfolgreichster Privatsender erkannte schnell und vorausschauend den Trend und bediente die Zielgruppe treffgenau. Das alte Format wurde nach heftigem Quotensinkflug eingestellt und von „Deutschland sucht den Supersenior" abgelöst. Mit großem Erfolg lief bereits die dritte Staffel. Heute saß die Klientel vor dem Bildschirm, die mit der alten Show förmlich groß geworden war. So wunderte es kaum, dass die Einschaltquoten in ungeahnte Höhen stiegen. Das bewies den Programmplanern: Alles richtig gemacht! Müll verkauft sich immer! Zoten machen Quoten! An diesem Abend des 11. Novembers 2031 trat ein greisenhaft wirkender Mann mit schlurfendem Schritt und einer Gitarre die Bühne und stellte sich der

Pampersinquisition vier blutjunger Möchtegernmoderatoren. Umständlich hängte er sich die Gitarre um. Die Kamera blendete einen Juror ein, der, bereits ob dieser Aktion nach Zustimmung heischend, die Augen verdrehte. Der alte Mann begann zu singen. Die Stimme, wie auch das faltige Gesicht hinter der großen Sonnenbrille erschienen irgendwie vertraut. Doch die Sonnenbrille verhinderte das Erkennen, denn gerade an den Augen kann man einen Menschen oft identifizieren. Der braun gebrannte alte Mensch mit den silbernen Haaren beendete mit einem letzten, leicht zittrigen Gitarrengriff seinen Vortrag und blickte erwartungsvoll zur Jury. Wichtigtuerisch beriet sich das Komitee. Nach einigen Minuten verkündete der Wortführer das gefällte Urteil. „Mit Verlaub, es erscheint ein wenig so, als littest du unter einer Krankheit, die Vergessen bewirkt. Wer so einen Auftritt hinlegt, dem muss wohl entfallen sein, weshalb er sich hier beworben hat. Gesangstechnisch war das, um es diplomatisch auszudrücken, der logopädische Totalschaden." Das Publikum johlte. „Dein Auftritt war auch physisch eine Beleidigung für die Augen. Hast du deine Tabletten gegen Bluthochdruck heute nicht genommen? Das ist doch hier keine Werbesendung für Tomatenketchup, wie man nach dem Anblick deines Kopfes mutmaßen könnte. Text und Musik deines selbst geschriebenen Liedes, welches du uns vorgestottert hast, sind ein Tiefschlag senilster Art. Unsere Sendung heißt im Übrigen Deutschland sucht den Supersenior und nicht Deutschland sucht den Supernuschler. Mit deinen von Arthrose verkrümmten Fingern voller Altersflecken solltest du bei Kneippkuren im Wasser spielen, aber nicht auf deiner Gitarre. Die dicken Haarbüschel aus Ohren- und Nasenlöchern mögen dir zwar fehlende Wärme ersetzen, aber derart Ekliges will hier einfach niemand sehen." Die Regie blendete immer wieder Zuschauer ein, denen vor Schadenfreude und Lachen die Tränen über die Wangen liefen.

Der junge Mann fuhr fort: „Hier nun die Empfehlung der Jury. Besorge dir einen Hund und begib dich mit ihm in die Einkaufsstraße einer großen Stadt. Verdiene dir auf diese Weise ein Altersbrot hinzu, denn hier bist du raus. Das wird garantiert ein Bombengeschäft für dich, denn man wird dich dafür bezahlen, dass du aufhörst zu singen. Mit deinem Vortrag hier kannst du kleine Kinder in der Geisterbahn erschrecken, aber nicht Deutschlands nächster Supersenior werden. Jetzt husch, schnapp dir deinen Rollator und mach Platz für echte Künstler."
Dem alten Mann lief beim Abgang eine Träne über die Wange. Unter dem schadenfrohen Gejohle und Geklatsche des Publikums verließ er die Bühne. Eine Woche später liest der geneigte Leser der größten deutschen Boulevardzeitung: Selbstmord! Ehemaliger Popstar tot aufgefunden. Vier Tage nachdem der ehemalige Juror und Hauptakteur einer Sendung aus dem Jahr 2002 unter falschem Namen an „Deutschland sucht den Supersenior" teilnahm, hat sich dieser in einem Hamburger Hotel das Leben genommen. Einigen Gästen war der penetrante Geruch aus einem Hotelzimmer aufgefallen. Der herbeigerufene Hotelmanager entdeckte hinter der Tür die Leiche des ehemaligen Jurors und Popstars. Nachdem es in den 2020er-Jahren still um ihn geworden war und er sich auf sein Landgut in der Nähe von Lüneburg zurückgezogen hatte, blieben die Angebote aus. Die Automatismen der Medienbranche griffen gnadenlos. Nach der sechsten Scheidung und einigen kläglichen Comeback-Versuchen wurde es ruhig um ihn und sein bester Freund wurde nach Angaben ehemaliger Wegbegleiter der Alkohol. Auch die Teilnahme in der Realityshow „Urwaldbiwak" war aufgrund seiner Mehlwurmallergie ein Misserfolg für ihn. Danach war es endgültig still um ihn geworden und er fristete ein vereinsamtes Dasein auf seinem riesigen Anwesen. Man vermutet, dass er an

einem Mix aus Tabletten und Alkohol starb. Nach Polizeianga- ben sei bisher kein Abschiedsbrief gefunden worden. Erneut flammt nach diesem tragischen Tod die Diskussion auf, ob men- schenverachtende Sendungen wie „Deutschland sucht den Su- persenior" die Würde verletzen und abgesetzt gehören ...

Das, was du tust, kann das, was du sagst, entweder unterstrei- chen oder durchstreichen.

Arno Backhaus

Nicht alles war schlecht in der Jugend. Erfahrungen selbst zu machen sind manchmal der beste Lehrmeister. Oftmals aber führen sie auf einen „Highway to Hell". Rückblickend gibt es aus meiner Sicht nur einen Weg das wahre Lebensglück zu finden und weil mir diesen Weg in meinen ersten 30 Lebensjahren niemand zeigte sende ich jungen Menschen:

Post aus Niemandsland

Junger Mensch, jetzt, da der Rest meines Lebens wohl kürzer sein wird als die hinter mir liegende Zeit, möchte ich dir in diesem Brief über ein Land berichten, in dem ich lange lebte. Ich wünschte, mir hätte damals jemand in Liebe vorausschauend davon erzählt. Das Land heißt Niemandsland. Dort bin ich geboren und groß geworden. Ich erzähle dir davon, um dich vor dem Weg dorthin zu bewahren. Dieses Land schien das Schlaraffenland zu sein. Dort lebte ich als renitentes Menschenkind, welches hinter den Masken der Welt nicht die Gottlosigkeit erkannte und selbst eine solche Maske trug. Doch irgendwann stellte ich fest, es war das Land des Verlassenseins, der Lieblosigkeit, der Ersatzbefriedigung, der Verzweiflung, der leeren Versprechungen, des Lügens, der Verlockungen und der Sinnentleerung. Niemand fängt dich dort auf, wenn du strauchelst. Niemand sagt dir, dass mit deinem ersten Atemzug deine Lebenszeit abläuft. Niemand zeigt dir die Sinnlosigkeitstäler hinter den Konsumbergen. Niemand erzählt dir von den Mühen und den Leiden des Alters. Niemand zeigt dir, wohin der Lebensweg dich letztendlich führt. Damit möchte ich die Bewohner nicht verurteilen oder beurteilen, denn wer zeigt ihnen heute noch den Weg zu Jesus Christus, der in der dortigen Gesellschaft als asketische Spaßbremse dargestellt wird. Dabei ist er genau das Gegenteil. Im Niemandsland bist du wer, wenn es dir gelingt, dich selbst bestmöglich darzustellen. Du musst zu allem eine den Bewohnern genehme Meinung haben und diese über die modernen Kommunikationsmittel äußern. Alte spielen dort keine Rolle. Du musst jung und dynamisch sein. Kalte Technik berät dich darüber, wie du deinen Körper dementsprechend trainierst und fordert dich zu Leistungssteigerungen heraus. Durch viele kleine elektronische Helfer gewinnst du vermeintlich viel Zeit, doch der Gewinn ist kein Gewinn, denn dir bleibt keine Zeit, um über den Sinn des Lebens nachzudenken. Irgendwann kreisen die meisten Bewohner des Niemandslandes nur noch um sich selbst in ihrem kleinen Smartphone-Kosmos und um die Erfüllung ihrer eigenen Wünsche. Das Leben verliert seinen Sinn und der Mensch macht Nichtigkeiten zum Lebensziel. Der von Gott bei der Geburt in die Seele gelegte Reichtum ist aufgezehrt. Am letzten Tag ist das Seelenkonto leer. Der Böse hat sein Ziel erreicht: Ablenkung vom wahren Menschsein nach Gottes Plan. Die Liebe zu Gott und den Nächsten wird verschüttet unter dem Schutt der Ellbogengesellschaft. Doch jeder Mensch, der die Gottesferne empfindet, wird mit Sicherheit auch schon einmal seine Nähe erfahren haben, denn Gott geht ein Leben lang jedem Menschenkind bis zum letzten Atemzug nach. Die Sehnsucht nach ihm ist in jedem Menschen grundgelegt. Schweigend begleitet jeden aber auch immer der bleiche Geselle Tod mit seiner Sanduhr. Dieser bietet heuchlerisch enthemmende Dinge an, die den Menschen schneller in das Totenreich bringen, doch im Niemandsland als erstrebenswert, glücklich und frei machend angeboten werden. Viele trinken jedes Wochenende aus der berauschenden Alkoholquelle des Niemandslandes, flüchten vor der Realität durch bunte Pillen, Spritzen und weißes Pulver, um das Loch in der Seele zu füllen und erwachen morgens im Jammertal. Im Niemandsland verbringen die Menschen ihre Zeit damit, sich ein Leben lang gegen alles abzusichern, außer dem Seelenheil. Die Götter dieses Landes treten gegen Bälle, kreisen in schnellen Autos in der Runde und stehen singend auf Bühnen. Trägst du nicht die richtige Kleidung, schiebt man dich ins Abseits. Hast du nicht das hippe Kommunikationsgerät, das beste Fortbewegungsmittel, oder eine prunkvolle Wohnstätte zweifelt man an deinem menschlichen Wert. Dort wird der Ehrliche dumm genannt, der Hilfsbereite beschimpft, der Schwache verdrängt. Die Zeit verrinnt ins Bodenlose. Von morgens bis abends hörst du: Kauf mich, konsumiere mich, du brauchst mich, sei schneller, sei Erster, sei reicher, sei schöner, sei besser, sei erfolgreicher, sei perfekt, sei ein Star. Irgendwann, junger Mensch, werden die ahnungslosen Menschen dort voller Verzweiflung den Verfall ihres Körpers registrieren und den Hunger der Seele bemerken. Sie haben alles und doch nichts, sie sind satt und doch leer, sie haben genug, doch es genügt nicht, sie suchen und finden nicht. Sie haben geglaubt, was die Medien, mächtige Organisationen, Firmen und viele Verführer ihnen in Worten, Bildern, Filmen und Buchstaben als Leben vorgegaukelt haben. Kindheit vergeht, Jugend vergeht, Besitz vergeht, der Körper vergeht. In der letzten Stunde des Lebens bist du im Niemandsland ein verzweifelter Sinnsucher und der, der die ganze Zeit wartend neben dir ging, reibt sich die knochigen Hände. Als ich das Niemandsland verließ, schenkte mir Jesus Zufriedenheit statt Jagd nach dem nächsten Kick, Besinnung statt endlos aneinander gereihte Events und echte Liebe statt twitternder Community und 400 Freunde bei Facebook. Verstaubt in den Kellerregalen, unbeachtet in Kartons auf den Dachböden der

Häuser findet man oft ein Buch, dass die Mauern von Niemandsland sprengt, die Ketten zerreißt, die Seele nährt, die Augen für die Wahrheit öffnet, das Leben mit Sinn erfüllt. Ein Buch, welches auf den hinweist, der aus dem Niemandsland befreit. Junger Mensch, dieses Buch, die Bibel, zeigt dir den Weg aus diesem Land oder besser noch, lässt dich erst gar nicht dorthin kommen. Dieses Buch weist auf jenen hin, der über den Sensenmann lacht und ihm ewiges Leben entgegensetzt. Jesus Christus nimmt dem Tod seinen Stachel. Er hält dich, er trägt dich, er befreit dich, er bleibt bei dir, wenn alle gegangen sind, er empfängt dich in der letzten Stunde mit offenen Armen in dem Haus, in dem er für die, die an ihn glauben, schon eine Wohnung vorbereitet hat. Er starb für dich am Kreuz und nahm alle Schuld und allen Schmutz auf sich. Weder der geliebte Partner noch gute Freunde können den letzten Weg mit dir gehen. Doch Jesus bleibt an deiner Seite. Wer ihm folgt, freut sich über jeden Tag und erkennt im Nächsten Gottes Ebenbild. Du wirst beschenkt ohne Gegenleistung. Du erfährst Vergebung und lernst, dass Vergeben frei macht. Er öffnet dir die Augen für die Not und das Elend der Ärmsten. Er macht kalte Herzen warm durch seinen uns hinterlassenen Heiligen Geist. Er nimmt die winzigen Sandkörner des menschlichen Wissens und formt sie zu Erkenntnis, die der wiedergeborene, glaubende Mensch verstehen kann. Junger Mensch, wenn du in Niemandsland bist oder glaubst, dich dorthin auf den Weg machen zu müssen, dann komm zurück oder kehre um. Das sei nicht falsch verstanden. Meine Worte richten sich nicht gegen technischen Fortschritt, doch Sinn ergibt dieser Fortschritt nur, wenn er das Gute in der Welt fördert. Die Worte richten sich nicht gegen Genuss. Doch Maß zu halten ist echter Genuss nach Gottes Willen. Besuche die Länder dieser Erde, pflege Freundschaften, genieße Kunst und Musik, praktiziere Hobbys, feiere Feste mit Menschen.

Knüpfe Kontakte, damit du viele Niemandslandbewohner erreichst, um ihnen die Frohe Botschaft zu bringen. Alle Errungenschaften der Menschheit sind das, was Gott uns Menschen gebietet: Macht euch die Erde untertan. Doch immer unter dem Aspekt, welchem Ziel der Mensch das unterordnet und ob es im Sinne Gottes ist. Sei ein Licht in dieser Welt. Was du tust, führe aus, als tätest du es für Gott, in der Freizeit und bei der Arbeitsstätte, in der Schule und wo auch immer. Alle Geschenke Gottes, deine Talente und Gaben, die du nicht zu seiner Ehre nutzt und nach deinem eigenen Willen zweckentfremdest, führen ins Nichts. Ich, der auf dem besten Weg war, im Sumpf von Niemandsland zu versinken, kann bezeugen, Jesus macht frei, bringt Frieden in dein Leben, schenkt dir Geborgenheit und ein liebendes Herz. Er gibt dir eine Antwort auf Leid und Trauer. Vielleicht wirst du dem hier Geschilderten misstrauen, da es zu euphorisch erscheint. Doch jeder, der selbst Leid in seinem Leben kennenlernte, weiß wovon ich rede, da Jesus mich durchtrug. Manchmal trifft man Menschen, die trotz kaum auszuhaltender Schicksalsschläge, wie dem Unfalltod ihres eigenen Kindes, durch Gottes stille Gegenwart Trost in der Trauer erfuhren. Kann man ihnen im Angesicht dieser Tragödie Einbildung oder Lebensflucht unterstellen? Junger Mensch, auch du wirst immer wieder an Grenzen kommen, doch Jesus winkt dich durch. Schenke ihm dein Leben. Ist der Lebensweg manchmal auch steinig und steil oder kommst du ab und zu von dem richtigen Weg ab, zeigt dir das Kreuz immer die Richtung. Verlier es nie aus den Augen. Hol das verstaubte heilige Buch aus dem Regal, lasst dich nicht davon abhalten, es zu lesen und das Gelesene zu befolgen, wenn auch der Herrscher dieser Welt dann dein größter Feind sein wird und immer wieder sein trügerisches, angeblich Glück verheißendes Gift in dein Lebenswasser tröpfeln lässt. Jesus ist das lebendige, reine, klare Wasser. Trink es täglich 24/7. Genieß die Schönheiten dieser Erde. Genieß den Frieden und die Liebe, die dir Jesus schenkt und widerstehe den Zeit- und Seelenräubern. Alles ist einmalig, nicht wieder zurückzubringen. Sei gottesfürchtig und nicht voller Menschenfurcht. Jage nicht nach Ruhm, Anerkennung, Besitz und Geld. Jesus genügt. Er ist der lebendige Gott. Der „ICH BIN". Ich kann bezeugen, wer Jesus in sein Leben bittet, bekommt: Freiheit, weil er Mensch ist, wie Gott ihn meinte. Die Last der Schuld wird ihm von der Seele genommen und Vergebung wird ihm ohne Gegenleistung geschenkt. Ein Frieden zieht in die Seele, der mit Worten nicht zu beschreiben ist. Trost erfolgt zur rechten Zeit und oftmals Hilfe von unerwarteter Seite. Liebe, die Menschen nicht geben können, verwandelt das Herz. Leben ergibt Sinn. Licht leuchtet, wo Dunkelheit war und Gewissheit des ewigen Lebens gibt Geborgenheit im Vorletzten. Höre auf das leise Rufen Gottes im Lärm des Alltags. Gott beruft nicht die Begabten, sondern er begabt die Berufenen. Das menschliche Leben ist kein Wettbewerb um die größten Fleischtöpfe, sondern in allen seinen Nuancen zwischen Himmel hoch jauchzend und zu Tode betrübt ein hinwachsen zu Jesus für den, der ihm voller Vertrauen bedingungslos sein Leben in die Hände legt. Ich fand bisher in meinem Leben nichts Besseres auf der Erde. Er ist nur ein Gebet entfernt.

Wenn Kindern und Jugendlichen nur Wissen, aber keine Werte vermittelt werden, wächst eine Generation heran, die von allem den Preis kennt, aber nicht den Wert.
Arno Backhaus

„Leitziel des gendersensiblen Unterrichts stellt der Verzicht auf Gender als Konstrukt dar, damit den Individuen Entfaltungsmöglichkeiten ohne einschränkende und normierende Vorgaben eröffnet werden können." *Bereits in den Schulen, wird heute sorgsam darauf geachtet, dass kein Kind sich frühzeitig als Junge oder Mädchen empfindet. Hä? Schmidt wurde schmerzhaft vor Augen geführt, welcher Spezies er angehörte. Eine wahre Geschichte:*

Gender

Schmidt, seines Zeichens erfolgreicher Prokurist eines innovativen Elektronikunternehmens und seine Frau hatten lange warten müssen. Doch nun schaute er in die blauen Augen seines ersten Sprösslings, dem er gerade aus einem Fläschchen die am Nachmittag von seiner Frau abgepumpte Muttermilch gab. Schmidt, der auf Grund seiner begrenzten Freizeit und seiner beruflichen Belastung selten einmal eine derart innige Situation mit seinem Kind erleben durfte, fragte sich, was wohl hinter der kleinen Stirn vorging. Unentwegt blickte ihm sein Sohn beim Trinken in die Augen. Jonas hatten sie ihn genannt. Schmidt genoss die Zweisamkeit in vollen Zügen. Um nach der ersten Umstellung auf die neue Lebenssituation als Vollzeitmutter langsam wieder Kontakt mit der Außenwelt aufzunehmen, traf sich seine Frau heute Abend mit ihrer besten Freundin zum Essen und Klönen. Schmidt brummte jetzt noch der Kopf ob all der Instruktionen, die ihm seine fürsorgliche Frau beim Weggehen erteilt hatte. Als ob er, der jeden Tag Entscheidungen über Wohl und Wehe eines Global Players traf, nicht einen Abend einen Säugling beaufsichtigen und verpflegen konnte. Schmunzelnd erinnerte er sich an den Tag von Jonas Geburt zurück. Es war im Januar gewesen. Schnee und Eis kündigten sich bereits am Vorabend dieses wunderbaren Tages an. In tiefsten Träumen versunken, spürte er plötzlich, dass jemand ihn unsanft rüttelte. Die Fruchtblase seiner Frau war geplatzt und sie bat ihn mit stoischer Ruhe, die in neun Monaten gelernten Vorsichtsmaßnahmen für einen derartigen Fall nun anzuwenden. Schmidt sprang wie vom Blitz getroffen aus dem Bett, raste orientierungslos aus dem Schlafzimmer in den Flur und baute somit ein wenig des frühmorgendlichen Adrenalinschubes ab. Erst die Frage seiner Frau, wo er den wohl hin wolle, ließ ihn in die Realität zurückkehren und wieder zu dem analytisch denkenden Mann werden, der er nun mal war. In der Zeit, in der er das Eintreffen zweier sich schon in der Erdatmosphäre befindlichen und eines bald per Geburt neu hinzukommenden Erdenbürgers telefonisch im Krankenhaus vormeldete, war seine Schwiegermutter, die von Schmidts Kurzsprint in den Flur erwacht war, in die Wohnung gekommen und unterstützte mit der Gelassenheit einer vierfachen Mutter den Aufbruchversuch von Schmidt und seiner Frau. Der Abstand zwischen den einzelnen Wehen wurde immer kürzer und ein nervöser Schmidt überholte sogar den vor ihnen fahrenden Schneepflug, doch immer unter der Prämisse, nicht das Leben der ihm von Gott Anvertrauten zu gefährden. Im Krankenhaus angekommen, begrüßte sie die Schwester der Geburtsstation, die ein Ausbund an Vertrauenswürdigkeit zu sein schien. Geborgenheit und das Gefühl, in guten Händen zu sein, hatte Besitz von den Schmidts ergriffen. Dann war es schnell gegangen. Die ganzen Übungen des Schwangerschaftsvorbereitungskurses der letzten neun Monate, wie zum Beispiel Mithecheln, verkamen in der eskalierenden Situation aufgrund des unerwartet fixen Hineindrängelns des Kindes in die Welt zu Makulatur. Das Einzige, was Schmidt noch tun konnte, war seiner vor Schmerzen stöhnenden Frau hilflos die Hand zu halten oder ihr linkisch den Rücken zu streicheln. Nie hätte er das dann folgende Wunder der Geburt von Jonas missen wollen. Als das neugeborene Kind auf dem Bauch seiner völlig erschöpften Mutter lag, waren sie einen Moment gefühlt Gott ganz nahe. Die darauf folgende Zeit daheim allerdings ließ vor allem seine Frau bald auf dem Zahnfleisch gehen. Besonders die Nächte waren hart. Da seine Frau stillte, war Schmidt zwar regelmäßig erwacht, wenn sich ihr Erstgeborener meldete, aber da er nun mal nicht die körperlichen Voraussetzungen besaß, konnte er sich umdrehen und den Akt der Säuglingsverpflegung seiner Frau überlassen. Die geriet darüber schnell an ihre psychischen Grenzen. Deshalb gönnte er der Liebe seines Lebens, die ihn vor dem Gehen dreimal gefragt hatte, ob er sich den Männerabend allein mit Jonas zutraute, diese Verabredung mit ihrer Freundin von Herzen. Kaum hatte Jonas dreiviertel des Fläschchen geleert, hörte er auf zu trinken. Schmidt warf sich den kleinen Wicht über die Schulter und klopfte ihm zwecks Bäuerchens behutsam auf den Rücken. Der kleine Rülpser ließ nicht lange auf sich warten. Zufrieden schloss Jonas die Augen und schlief bereits tief und fest, als Schmidt ihn vorsichtig in sein Bettchen legte. Noch einen Moment darüber nachsinnend, welche große Verantwortung er nun für dieses hilflose Geschöpf trug, stand Schmidt, eine nie gekannte Form von Zärtlichkeit empfindend, still an dem kleinen Kinderbett. Dann beging er den ersten von zwei Fehlern dieses denkwürdigen Abends. Das ahnte er aber zu diesem Zeitpunkt noch nicht. Er goss die restliche Muttermilch aus dem Fläschchen in den Ausguss, reinigte sämtliches noch herumstehendes Geschirr und machte es sich mit einem alkoholfreien

106

Radler vor dem Fernseher bequem, um die Championsleague zu genießen. Welch ein Timing, lobte er sich selbst. Wohlig seufzend lehnte er sich eine Minute vor dem Anpfiff des Spieles Bayern gegen Barcelona in seinen Sessel zurück, als er ein Geräusch vernahm, welches er nun gerade überhaupt nicht gebrauchen konnte. Ein leises Wimmern drang aus dem Kinderzimmer an seine Ohren und verstummte dann wieder. Schmidt, der kurz die Luft angehalten hatte, atmete erleichtert auf. Erneut ertönte nach einigen Sekunden das Wimmern, um dann in ein klägliches Weinen überzugehen. Schmidt fluchte leise, stand auf, begab sich ins Kinderzimmer und versuchte Jonas mit tröstenden Worten zu beruhigen, aber vergebens. Er hob den kleinen Mann aus dem Bettchen und wiegte ihn unter dem Flüstern besänftigender Worte im Wohnzimmer hin- und hergehend, mit einem Auge zum Fernseher schielend, in seinem Arm. Vorsichtig wie einen mit Nitroglycerin gefüllten Behälter versuchte er den Eingeschlummerten im Anschluss wieder in sein Bettchen zu legen. Auf Zehenspitzen schlich er aus dem Zimmer. Als er sich frohgemut voller Vorfreude wieder in seinen Sessel fallen ließ, stellte er zu seiner Verärgerung fest, dass Bayern bereits 1:0 führte. Nun denn, sagte er sich, das Tor würde bestimmt in der Halbzeitzusammenfassung wiederholt werden, es gab Schlimmeres. Wie Recht er damit hatte, dass es Schlimmeres gab, erfuhr er drei Minuten später. Ohrenbetäubendes Säuglingsgeschrei erfüllte das Haus. Schmidt sprang wie von der Tarantel gestochen auf und sprintete mit einem letzten sehnsuchtsvollen Blick auf Müllers Ballkünste gen Kinderzimmer. Dort trug er seinen Sprössling, Kinderlieder aus seinem begrenzten Repertoire singend, erfolglos auf und ab. Das Geschrei wurde immer lauter und bewegte sich Richtung Hysterie. Vielleicht hat er noch Hunger, überlegte Schmidt. Dann durchfuhr in glühend heiß, dass er den Rest der Muttermilch entsorgt hatte. Wie dumm konnte man sein, dachte er. Ein Freund hatte ihm erzählt, er beruhige nächtliches Säuglingsgeschrei, indem er sich bei gedämpften Licht mit dem Kind in Bauchlage auf der Brust auf das Sofa lege und brumme wie ein Teddybär. Das war einen Versuch wert. Schmidt schaltete den Fernseher aus, dämmte das Licht per Dimmer herunter und ahmte das Tuten eines Nebelhornes nach. Erstaunliche zwanzig Minuten hielt er diese Übung durch. Erstaunlich zwanzig Minuten schrie Jonas weiter. Okay, dachte Schmidt, nun war guter Rat teuer. Er schaltete nebenbei zwecks Information über den Zwischenstand des Fußballspiels den Fernseher wieder ein und entnahm den Wortfetzen des Reportes, die von Jonas Geschrei untermalt wurden, dass jeder, der die bisherigen 45 Minuten dieses Spiels verpasst hatte, das beste Spiel seit Jahren an sich vorübergehen ließ. Ihm traten fast die Tränen in die Augen, als er mit einem Stoßseufzer und einem letzten Blick auf das Halbzeitergebnis (4:1 für Bayern) den Fernseher wieder ausschaltete. Jonas schrie mittlerweile mit hochrotem Kopf. Sollte der Geschäftsführer eines der größten deutschen Elektronikunternehmen nicht in der Lage sein, einen drei Wochen alten Säugling unter Kontrolle zu bekommen und deshalb seine Frau von einem wohlverdienten Date zurückrufen? Niemals, beschloss Schmidt. Ratlos saß er mit dem schreienden Bündel im Sessel, als ihn ein Gedankenblitz traf. Natürlich, ein Säugling, der drei Wochen überwiegend die Nähe der Mutter beim Stillen erfahren hatte, brauchte nicht nur Nahrung, sondern auch den vertrauten Körperkontakt mit einer Bezugsperson. Warum war er nicht sofort darauf gekommen? Mit der freien Hand schob er sein T-Shirt hoch und präsentierte seinem Sohn eine Brustwarze. Nachdem er einige ungewohnte Haare klaglos akzeptiert hatte, öffnete der Kleine wie ein Spatz den Mund und saugte. Schmidt war erstaunt über die unglaubliche Saugkraft des winzigen Kerlchens. Nach einigen Minute wurde das Saugen langsamer und dann, Schmidt hielt behutsam die Luft an, hörte Jonas ganz auf und war tatsächlich eingeschlafen. Ob vor Erschöpfung oder aufgrund Schmidts genialer Idee wird sich wohl nie ganz klären lassen. Der kleine Bursche schien so groggy, dass ihn selbst ein durchs Zimmer marschierendes Blasmusikorchester nicht mehr geweckt hätte. Schmidt war randvoll Stolz. Er und Aufgeben waren zwei Worte, die absolut nicht zusammenpassten. Unerschöpfliche Innovation, Kreativität und allerhöchste Kompetenz in Lebensführung schienen in seinen Genen förmlich eingebrannt zu sein. So kam er wenigstens noch in den Genuss der Zusammenfassung dieses Jahrhundertspiels (Endergebnis 8:2 für Bayern). Dann begab er sich in sein Bett und versank augenblicklich in einen traumlosen Schlaf. Selbst die Heimkehr seiner Frau bekam er nicht mit und schlich, als der Wecker schellte, auf Zehenspitzen aus dem Schlafzimmer. Um weder Frau noch Sohn zu stören, bereitet sich Schmidt so leise wie möglich sein Frühstück und verließ das Haus immer noch bester Laune wegen seiner genialen Problemlösung des Vorabends. Das einzige Unangenehme des beginnenden Tages war ein schmerzhaftes Ziehen in der rechten Brust, welches er aber vorerst ignorierte. Im Laufe des Tages wurden die Schmerzen immer stärker und letztlich unerträglich. Seiner Frau hatte er auf ihre neugierige telefonische Anfrage, wie alles gelaufen sei, nichts von seinem vorabendlichen Parforceritt erzählt. Gegen 15.00 Uhr begab er sich auf die Toilette, zog sein Hemd hoch und betrachtete verblüfft seine schmerzende, auf Himbeergröße angeschwollene Brustwarze. Um 16.15 Uhr wurden die Schmerzen so unerträglich, dass er sich auf den Weg zu seinem Hausarzt machte. Dieser fragte ihn erstaunt, wo sich denn bitte ein Mann eine derart ausgeprägte Brustentzündung holen könne? Schmidt schwankte zwischen Wahrheit und Lüge, um sich dann für die Wahrheit zu entscheiden. Er bemerkte, dass sein Hausarzt das explosiv aufkommende Lachen nur mit Mühe unterdrücken konnte. Vor seinem geistigen Auge sah er ihn im Kreis seiner Helferinnen bei einer Tasse Kaffee die Deppenidee seines Patienten, hoffentlich ohne Namensnennung, zum Besten geben. Der Doc verschrieb eine Salbe und das unselige Ergebnis des Trockensaugerversuchs war nach vier Tagen ad acta.

Es sei erwähnt, dass Schmidt in Anbetracht seiner praktischen Erfahrungen seitdem eine ablehnende Haltung in Diskussionen über die Genderideologie an den Tag legte ...

„Ich führe zwei Homo Sapiens in die dominanten Werte der jüdisch-christlichen Tradition ein, damit sie später zu Instrumenten für Transformation der Gesellschaftsordnung in eine eschatologische Utopie werden, die Gott seit Beginn der Schöpfung vorgesehen hat".
Antwort einer nicht berufstätigen Mutter und Hausfrau in einer Talkshow auf die Frage nach ihrem Beruf

Berliner*innen m/w/d 1,95 Euro
Schild in einer Bäckerei an der Kuchentheke

Wenn alle ein wenig Rücksicht aufeinander nehmen würden, könnte das Leben so schön sein. Als Hobbyläufer, mittlerweile aber nur noch Spaziergänger, treffe und traf ich, fairerweise zugegeben, vermehrt auf solche rücksichtsvollen Hundebesitzer. In unguter Erinnerung bleiben leider jene, die glauben, der Mensch habe sich dem Hund unterzuordnen:

Der beißt sie nicht

Jetzt ist Schluss mit lustig. Oder, um es paniermehl- ummantelt zu sagen, Schluss mit knusprig. Weg mit Schokolade, weg mit Gummibärchen, weg mit Schweinshaxe, her mit gesund. Dieser Gedanke überfiel mich heute Morgen, als ich mich in meine in der Vergangenheit locker um meinen Unterkörper fließende Lieblingsjeans presswurstete. Ich beschloss ab sofort ein Fitness liebender, Sport treibender, gesund lebender, ausreichend schlafender, Obst und Gemüse in Hülle und Fülle essender Mensch zu werden. Jetzt galt es zuerst einmal herauszufinden, welche Sportart mich zum Schwarm aller Körperästheten umformen könnte? Da meine lädierten Menisken mir schon bei so harmlosen Tätigkeiten wie unter den Tisch gefallene Bleistifte aufzuheben ihre puffernde Wirkung verweigerten, blieben Ballsportarten automatisch außen vor. Schwimmen hatte ich erst bei der Bundeswehr gelernt und der Bademeister, der den Seepferdchenkurs für Kleinkinder leitete, nutzte meine Schwimmbemühungen letztens, um den Kleinen zu demonstrieren, was man alles falsch machen konnte. Bodybuilding sollte ich auf Anraten meines Arztes wegen meines grenzwertigen Bluthochdrucks nicht in Erwägung ziehen. Radfahren war Gift für meine empfindlichen Stirnhöhlen, wie ich immer wieder in Form von pochenden Kopfschmerzen an dem nach einer Radtour folgenden Tag erfuhr. Boxen forderte Denken und Schlagen. Also grundsätzlich nichts für mich, da laut Aussage meiner Frau, Multitasking nicht zu meinen herausragenden Eigenschaften gehörte. Zudem widerstrebt mir Gewalt in jeder Form. Ich zermarterte mir das Gehirn, was letztendlich noch übrig blieb? Laufen, schlug mir mein Unterbewusstsein vor. Man kann fast immer und überall laufen. Man muss keine Regeln auswendig lernen. Laufen können schon Kinder. Laufen liegt in der Natur des Menschen. Laufen war gewaltfrei und vegan. Ich war überzeugt. An meinem nächsten freien Tag schritt ich zur Tat und besorgte mir ein Paar exorbitant teure Laufschuhe, nachdem ein hochnäsiger Verkäufer (und Laufexperte, wie er nicht müde wurde, zu erwähnen) meinen Laufstil und die Beschaffenheit meiner Füße analysiert hatte. Aus Gründen des Jugendschutzes möchte ich seine Aussagen nicht detailliert wiedergeben. Allein die Bewertung der Anatomie meiner Füße bewegte sich hart an der Grenze zur Beleidigung, doch schon der Kauf schien mich gefühlt etwas fitter zu machen. Jetzt mussten nur noch alle Dickmacher aus dem Kühlschrank und dem Süßigkeitenfach des Wohnzimmers verschwinden. Mit zwei Riesentaschen voller überflüssiger Lebensmittel jeglicher Couleur begab ich mich zu Lidl, um den Inhalt in einem am Eingang aufgestellten Einkaufswagen für die „Tafel" zu deponieren. Es beschämte mich, dass erst mein durch Völlerei und Luxus aufgeblähter Körper mich dazu brachte, denen zu helfen, die es weitaus schlechter im Leben getroffen hatten. Des Nachmittags war es dann endlich so weit. In meiner Fünfhundert-Euro-Montur stand ich am Start des bei Joggern beliebten Waldpfades unseres kleinen Städtchens und fühlte mich wie die neue Brücke, kurz bevor der Verkehrsminister unter dem Jubel der Massen das rot-weiß-rote

Band mit einer Schere durchtrennte. Aufwärmen, befahl meine innere Stimme. Die einzigen Aufwärmübungen, an die ich mich erinnerte, waren noch aus den 70er-Jahren vom Fußballtraining irgendwo in den hintersten Schubladen meines Gehirnspeichers deponiert und erschöpften sich in minutenlangem Kreisen des Kopfes, damals eine beliebte Aufwärmübung, heute der Grund massiver Halswirbelprobleme vieler ehemaliger Amateurfußballer. Ich begann also mit einigen Pseudoverrenkungen, um zumindest pro forma nicht unaufgewärmt den Jungfernlauf zu starten. Der mitleidige Blick eines sich professionell aufwärmenden jungen Mannes bestärkte meinen Entschluss loszulaufen, bevor er mich dafür lobte, dass ich trotz meiner schweren Bewegungseinschränkungen Sport trieb. Anfangs trabte ich erstaunlich locker vor mich hin, circa 50 Meter. Es hätte so schön sein können. Herrliche Natur, klare Luft, strahlende Sonne, singende Vögel. Ab und zu ein Eichhörnchen, welches meinen Weg kreuzte. Einmal ein ca. 70-jähriger Jogger, der mich, den mit hochrotem Kopf vor sich hin schnaufenden Anfänger, fröhlich grüßend überholte. Trotzdem genoss ich die große Freiheit. Doch wie immer näherten sich schon, ohne dass ich es ahnte, die Schattenseiten des Vergnügens in Form von Spaziergängern, die teils überdimensionierte Hunde nicht angeleint um sich herumtollen ließen. Diesen Begegnungen der unheimlichen Art wollte ich mich gerne entziehen und hatte das große Glück einige Meter weiter auf eine Querverbindung des Waldwanderweges zu stoßen. Ich bog ab und glaubte, das Problem gelöst zu haben. Aber Fehlanzeige, denn auch dort begegnete mir nach etwa 200 Metern ein Mensch mit einem frei laufenden Hund. Ich stoppte abrupt. Soweit mich meine Kenntnis der Hunderassen nicht täuschte, hatte ich nun die Wahl, mich von einem Dobermann hier oder von einem Schäferhund auf dem Parallelweg beißen zu lassen. Beide Möglichkeiten erschienen mir nicht sehr attraktiv. Zu meiner Freude tauchte kurz vor dem Aufeinandertreffen eine weitere Abzweigung zu einem etwas einsameren, schmalen Pfad auf, die ich flugs, innerlich jubelnd, nutzte. Doch zu früh gefreut. Nach einigen hundert Metern, sah ich mich einer plötzlich aus dem Gebüsch auftauchenden Dogge gegenüber, die reglos stehen blieb und mich still anstarrte. Weit und breit kein Herrchen oder Frauchen zu sehen. Nach meinem Empfinden trafen sich unsere Blicke auf Augenhöhe (ich bin 1,83 m groß). Kurz fiel ich in Schockstarre. Dann ging ich ganz langsam einen Schritt zurück, die Dogge einen Schritt vor. Nun ging ich mutig einen Schritt vor. Die Dogge zu meinem Erstaunen, einen Schritt zurück. Vom ersten Erfolg angespornt, ging ich einen zweiten Schritt vor. Die Dogge ging gleich drei Schritte vor und ihre Oberlippe kräuselte sich leicht zitternd und entblößte ihre tadellose obere Zahnreihe! Was nun? Hätte ich das alles geahnt, wäre die Wahl der Marke meiner Bekleidung schon aus Gründen der Verwandtschaft mit Hunden niemals auf „Jack Wolfskin" gefallen, schoss es mir absolut unsinnigerweise durch den Kopf, denn jetzt galt es, erst mal denselben zu retten. Sollte ich mich unbeeindruckt zeigend, einfach weiterlaufen? Auch auf die Gefahr hin, dann in wenigen Sekunden meine Beine entfleischt zu bekommen? Wie hatte mein Vater immer gesagt: „Hunde, die bellen, beißen nicht!" Dieser war totenstill. Na toll! Wagemutig wechselte ich leise betend unter dem misstrauischen Blick der Dogge an den äußersten Rand des Weges, um so viel Platz wie möglich zwischen mich und das Ungetüm zu bringen. Dann wurde mein Gebet erhört. Zu meiner Erleichterung erschien ein vom Gesicht her der Dogge verblüffend ähnlich sehender Mann, der ziemlich außer Atem war, mit den Worten: „Brutus, da bist du

114

ja." Gerade wollte ich meinem Herzen und meinen schlotternden Beinen in Form einer nicht jugendfreien Tirade Luft machen, da warnte mich dankenswerterweise mein Unterbewusstsein, von diesem Vorhaben im Angesicht der Überzahl der Zahnreihen Abstand zu nehmen. So entfuhr mir nur ein klägliches: „Könnten sie den Hund festhalten, bis ich außer Sichtweite bin?" „Laufen sie ruhig weiter, der beißt nicht", bekam ich zur Antwort. Leichtgläubig wie ich bin, beherzte ich diesen Rat. Genau in Höhe der ponygroßen Mutation fletschte diese plötzlich die Zähne und ging zielstrebig auf meine Waden los. Herrchen schrie entsetzt: „Brutus, aus!!" Brutus beschloss, seine gute Tat des Tages zu absolvieren und gehorchte. Ich flitzte von dannen, wobei ich aus den Ohrenwinkeln noch vernahm: „Das hat er noch nie gemacht, das muss an ihrer roten Laufhose liegen." Froh darüber, unbeschadet davongekommen zu sein, unterließ ich es, dem Besitzer von Brutus zu erklären, was der Unterschied zwischen einem Hund und einem Stier ist. Zudem hatte ich das sichere Gefühl, dass in einem instinktgesteuerten Hundehirn der Begriff „Fass", ausgerufen von Herrchen, eine feste Größe war. Auf dem zehn Kilometer langen Rundkurs, den ich mir größenwahnsinnigerweise antat, begegneten mir noch Hunde jeglicher Art und Rasse. Phlegmatische riesige Trauerklöße, kleine bissige Derwische, stille, bellende, zähnefletschende, wütende, freudige, neugierige, schwanzwedelnde usw. Ihnen allen aber war eines gemeinsam, die Besitzer hielten sie für Friedenstauben. Am Ziel angekommen, völlig erschöpft, aber zutiefst dankbar noch im Besitz von unbeschädigten Waden und Hintern zu sein, musste ich das Ganze erst einmal psychisch verarbeiten. Natürlich, die Besitzer der Hunde trugen mit ihrem Tunnelblick erst einmal die Schuld an der Antipathie zwischen Hunden und Joggern. Die Hunde reagierten letztendlich nur instinktiv. Dass das Joggen auf unserem Wald-wanderweg dadurch aber gefährlicher als eine Amazonasexpe-diton wurde, war nicht in Ordnung. Auf die Einsicht der Hunde-besitzer ihre Lieblinge anzuleinen konnte man erfahrungsge-mäß nicht setzen. Deshalb blieben nur Maßnahmen zum Eigen-schutz übrig. Doch welche? Das einzig Positive des Tages, was ich aus dieser Erfahrung mitnahm, war ein neu entstandenes Verständnis für asiatische Mitmenschen, die statt von Hunden gefressen zu werden, lieber die Hunde, na, sie wissen schon. Als analytisch denkender Mensch, für den es auch kein Zurück vom Fitnessvorsatz gab, musste ich einfach Prophylaxe vor dem nächsten Waldexkurs betreiben. Pfefferspray kam nicht in Frage, denn erstens ist er verboten und zweitens war ich grund-sätzlich ein Mensch, der keiner Kreatur wehtun wollte. Das war auch der Grund, keine Katze auf dem Arm mitzuschleppen, um den Hund im Angriffsfall eventuell damit abzulenken. Eine an-dere Möglichkeit bestand vielleicht in einem Köcher mit vielen Stöckchen als Inhalt auf dem Rücken. Doch Hunde bringen auch weggeworfene Stöckchen immer wieder zurück, also wäre ich weder Hund noch Stöckchen los. Auch Leckerlis anzubieten, ga-rantierte keinen Erfolg, denn jeder Hund betrachtete bestimmt etwas anderes als Leckerli. Scheinbeinschoner aus bissfestem Leder wären eventuell sogar eine neue Innovation. Doch so mancher Hund springt höher als die Schienbeine und verbeißt sich vermutlich in andere fleischliche Angebote. In regelmäßi-gen Abständen angebrachte Trittstufen, um auf die grünen Baumfreunde zu flüchten, erschienen vor meinem inneren Auge. Doch ohne ein hinter sich zu schließendes Törchen wäre auch das kein Hindernis für Hunde. Vorerst beschloss ich, mei-nen Bekannten beim Ordnungsamt noch heute Abend zu bit-ten, bei der nächsten Benachrichtigung über die Fälligkeit der Hundesteuer ein Schreiben in Schriftgröße 48 mit dem Inhalt beizufügen: Liebe Hundebesitzer, bitte nehmen Sie das sich in ihrem Besitz befindliche vierbeinige Lebewesen namens Hund an den vorgeschriebenen Stellen an die Leine, da es dazu neigt, vorbeilaufende und davonlaufende Fremde instinktgesteuert zu verfolgen, anzuspringen oder im schlimmsten Fall zu beißen. Gab es eigentlich Joggerschutzhunde, fragte ich mich? Ich begab mich Richtung Parkplatz. Ein Taucher in seinem Käfig, der Haie filmte, war letztendlich besser geschützt als Otto Normalverbraucher, der nur unschuldig joggen will. Konnte das sein? In meinem Auto sitzend fand ich mich damit ab, auch in Zukunft mit den Unwägbarkeiten der tierisch-menschlichen Koexistenz bzw. der Unbelehrbarkeit mancher Besitzer leben zu müssen. Ich schnüffelte. Was stank denn hier so bestialisch? Ich schaute nach unten auf meine neuen 200-Euro-Laufschuhe. Ich musste in einen Riesenhundehaufen getreten haben.

„Mein Gott, sie sollten ihr Kind mal besser erziehen".

Eine Hundebesitzerin, deren Hund unseren Zweijährigen ansprang, der daraufhin weinte.

117

Nein, ich schreibe das Folgende nicht, um recht zu haben. Mir fehlt das naturwissenschaftliche Wissen um adäquate Antworten zu geben. Ich glaube aber rt, dass die Welt von einem intelligenten Schöpfer erschaffen wurde. In der Bibel schreibt der Apostel Paulus unter anderem: „Seit Erschaffung der Welt wird Gottes unsichtbare Wirklichkeit an den Werken der Schöpfung mit der Vernunft wahrgenommen, seine ewige Macht und Gottheit". Wer mit offenen Augen durch die Natur geht, der wird dem nichts hinzuzufügen haben. Wem die Muße ermöglicht, eine Taube beim Nestbau zu beobachten, der wird das z. B. schon an diesem zielgerichteten Schauspiel erkennen können. Aufgeregt den Kopf hin- und her bewegend wird jeder Zweig begutachtet, getestet und bei Bestehen der Endkontrolle für den Nestbau freigegeben und zum Bauplatz transportiert. Jeder vernünftige Mensch muss sich doch fragen, woher bekommt die Taube die Information für den erfolgreichen Nestbau? Woher die Vorgaben für die dementsprechenden Zweige usw.? Wirklich nur Zufall? Unaufhörlich dreht sich die Erde mit hoher Geschwindigkeit, ohne dass wir Menschen das spüren. Wie winzig ist unsere Erde im Weltraum. Wie ein Sandkorn und doch dem Schöpfer so wichtig, dass er uns alles zum Besten bereitet hat. Der gesamte Kreislauf der Natur greift genial ineinander. Alle Bedingungen sind erfüllt, um uns Menschen Leben auf der Erde zu ermöglichen. Immer wieder wird das mit Zufall erklärt. Wäre es dann nicht so, als würde jemand ein Puzzle mit Milliarden von Teilen in die Höhe werfen und diese Stücke würden beim Erreichen des Bodens ein wunderbares, klar erkennbares Bild ergeben? Unser Universum soll vor 13,7 Milliarden Jahren durch einen Urknall, auch „spontane Schöpfung" genannt, entstanden sein. Deshalb brauchen wir keinen Schöpfer, behaupten viele Naturwissenschaftler. Betrachten wir nun also nur einmal die Schöpfung. Stellt sich nicht automatisch eine Frage? Wenn also alles aus dem Nichts entstand, wieso finde ich nicht ab und zu nach meiner Abwesenheit irgendetwas bei der Heimkehr in meine Wohnung vor, was plötzlich entstand? Einen Elefanten im Wohnzimmer zum Beispiel oder im besten Fall einen Seerosenteich im Garten? Wenn Leben sich aus Sternenstaub entwickelte und sich daraus der unfassbar intelligent konzipierte Mensch bildete, bleibt die Frage, warum das heute nicht mehr geschieht? Stellen wir uns einmal vor, das große Eingangstor einer Autofabrik öffnet sich und es gibt einen Knall. Tausende Einzelteile eines Autos schöpfen sich plötzlich und fliegen aus dem Nichts kommend in die Fabrik. Am Ausgangstor der

Fabrik steht ohne jedwedes Zutun eines intelligenten Ingenieurs oder der Facharbeiter, die das Auto zusammenschraubten, ein fertiges Auto, welches perfekt funktioniert und allen Gesetzmäßigkeiten der sinnvollen Nutzung Genüge tut. Ein hämisches Lächeln erntet in unserer Gesellschaft eher der, welcher bezweifelt, dass unsere Erde mit allen ihren Wundern und den ineinandergreifenden, zwingend erforderlichen Gesetzmäßigkeiten für das Überleben, dass jeder einzelne wunderbare Mensch, jedes Lebewesen, jede Pflanze aus dem Nichts entstand und alles dem Zufall geschuldet sein soll. Für jeden logisch denkenden Menschen weisen jedoch die Indizien eindeutig auf den Gott der Bibel hin. Trotzdem glaube ich, dass Naturwissenschaft und Glaube an einen Schöpfer Hand in Hand gehen können. Naturwissenschaft kann zwar vieles beschreiben, aber nicht alles erklären. Entstand alles aus dem Nichts? Kann nichtlebendes Leben erzeugen? Kann aus Zufall Feinabstimmung entstehen, aus Chaos Information, aus Nichtbewusstsein Bewusstsein? Kann Unlogik Logik hervorbringen? Nie werden alle Rätsel dieser Welt von Menschen entschlüsselt werden. Nie werden die Fragen nach woher, wohin und warum hier auf Erden ganz beantwortet werden. Lesen wir nun, was Paula Fynn begegnete:

Tosch

Paula Fynn hatte panische Angst vor Spinnen. Mit einer Fliegen-klatsche bewaffnet betrat sie den vor 50 Jahren von ihrem Vater erbauten, mittlerweile windschiefen und verwitterten Holz-schuppen in ihrem großen Garten, um die fette Spinne zu er-schlagen, welche auf dem Sitzkissen ihres Liegestuhles saß. Be-wegungslos thronte dieses besonders prachtvolle und große Exemplar einer schwarzen, dicht behaarten Spinne, noch nicht ahnend, dass gleich nach ihrem Leben getrachtet würde, Besitz ergreifend, mitten auf dem Kissen und verspürte in letzter Se-kunde den Windhauch der niedersausenden Fliegenklatsche. Blitzschnell schoss sie von dannen und jagte in höchster Not über eine staubige Kommode neben dem Ablageplatz des Sitz-kissens. Paula schlug in eklig panischer Erregung wie von Sinnen nach der fliehenden Spinne. Dass sie dabei zufällig Leben schuf, wird sie wohl nie erfahren. Der dritte Schlag presste zwei winzig kleine Teile auf der Kommode ineinander. Diese beiden Teile ergänzten sich rein zufällig derart gegenseitig befruchtend, dass eine Kettenreaktion in Gang gesetzt wurde, wie sie die Wissenschaft auch schon unter dem Begriff „Entstehung aus der Ursuppe" erklärt. Bereits wenige Sekunden nachdem Paula Fynn den Schuppen verlassen hatte und die Spinne mit dem Le-ben davon kam, bemerkte das neu fusionierte Teilchen, dass es etwas besaß, was man nicht mit Augen oder fotografischem Ge-dächtnis bezeichnen konnte, wobei es jedoch in der menschli-chen Sprache bisher auch gar kein Wort für diese Eigenschaft gab. Deshalb soll sie der Einfachheit halber „Duplizieren" ge-nannt werden. Mit diesen Talenten ausgestattet konnte sich das Teilchen, der Umgebung angepasst, weiter entwickeln und benötigte Eigenschaften und Formen von Dingen und Lebewe-sen komplett kopieren. Noch ahnte das neu geborene Teilchen aber nicht, was des Kopierens lohnenswert war, denn wer noch nie etwas darstellte, kann nicht wissen, was des Darstellens wert ist. Das neu entstandene Teilchen besaß eine hohe Anziehungskraft. Sekunde um Sekunde wuchs es unaufhörlich, verhundertfachte sich, wurde aber ob seiner staubigen Winzigkeit kaum sichtbarer. Noch war das Wachsen ohne Ziel. Mit der ihm eigenen Gabe erspürte das Teilchen einen gegenüber stehenden Tisch und beschloss seine Fähigkeiten dazu zu nutzen, ein Duplikat dieses Gegenstandes zu werden. Nun war das Teilchen aber derart klein, dass es trotz seiner starken Anziehungskraft auf die vielen anderen winzigen herumschwebenden Teilchen noch Wochen dauern sollte, bis eine perfekte Kopie eines Tischbeines an der Wand des Schuppens lehnte. Verwundert hatte Paula Fynn das Tischbein betrachtet, als sie eines Morgens einen Rechen zum Harken aus dem Schuppen holte. Sie konnte sich nicht erklären, dass dieses Ersatztischbein ihr in den ganzen Jahren noch nie aufgefallen war. Woche für Woche wuchs der Tisch, bis er dem Original bis ins Detail glich. Paula hatte den Schuppen mit den Gartengeräten und dem Originaltisch über den Winter nicht mehr betreten. So fiel das Duplikat niemandem auf. Nun stand jenes Duplikat des Tisches dort und die vielen Milliarden intelligenten Teilchen (die Intelligenz des ersten neu kreierten Teilchens übertrug sich auf geheimnisvolle, evolutionäre Weise auf alle angezogenen Teilchen), fragten sich untereinander zu was dieses Duplikat des Tisches denn nun wohl nützlich sei. Nach der Fertigstellung trat Stillstand ein, was der Natur der Teilchen völlig widerstrebte. Hier sollte vielleicht noch zum besseren Verständnis erklärt werden, dass sich die Teilchen für den Vorgang des Kopierens immer nur auf einen Gegenstand oder ein Lebewesen konzentrierten und noch nicht ahnten, dass es möglich war, im Rahmen der Evolution auch Teilbereiche von Gegenständen oder Lebewesen zu kopieren und im Sinne der Auslese weiter zu entwickeln oder umzuwandeln. Hätten sie das vorher gewusst, hätten sie sich sofort auf das Kopieren der Beine von Paula konzentriert, um nicht Wochen für die starren Originaltischbeine zu vergeuden. Einige der Teilchen konnten nämlich im Frühling durch ein Astloch in der Wand des Schuppens Paula Fynns Beine sehen. Da sie mit diesen im Garten hin- und herlief, erschien ihnen das Kopieren und Umwandeln dieser Beine weitaus erstrebenswerter und attraktiver, als das der toten Holzbeine. Die nächsten Wochen verbrachten die Teilchen damit Paulas Beine zu kopieren und in den Tisch zu integrieren. Als die Beine endlich dem Original glichen, stellten sie aber fest, dass damit auch nichts gewonnen war. So begannen sie Paula weiter durch das Astloch zu durchleuchten und zu duplizieren. Sie entdeckten und kopierten die Organe, den Blutkreislauf und das Nervensystem. Gegen Sommerbeginn pulsierte Leben in dem Tisch und er machte die ersten zaghaften Gehversuche. Am 26. Juli beschloss Paula Fynn das Sitzkissen ihres Liegestuhles, welches über den Winter hinter dem Sofa der Wohnzimmercouch gelegen hatte, vorerst wieder in den Schuppen zu bringen. Noch oft denkt sie voller Grauen an den Moment, als sie die Tür des Schuppens öffnete. Da sie bei dem sich bietenden Anblick schlagartig bewusstlos wurde, ist sie sich bis heute nicht sicher, ob sie einen Schwächeanfall mit Wahnvorstellungen hatte oder ein reales Erlebnis. Der Tisch war beim Öffnen der Tür losgerannt und an der umfallenden Paula Fynn vorbei über die Wiese gespurtet, um dann in den angrenzenden Fluss zu springen. Von diesem wurde er bis ins Meer transportiert. Es dauerte einige Monate, bis sich die Teilchen der neuen Umgebung evolutionär angepasst hatten. In der Zeit des Kiemen- und Flossenkopierens rettete ihnen die auf dem Wasser schwimmende Holztischplatte das Leben. Leider ist das Meer so unendlich groß, dass der Tosch, wie ich ihn getauft habe, wohl nie einem Fischer ins Netz gehen wird. Man kann nur hoffen, dass der Tosch irgendwann einen Wal oder Teile eines Wales dupliziert, ob seiner Größe entdeckt wird und somit der Wissenschaft die Möglichkeit gibt, weiterführende Forschung an ihm zu betreiben. Sie sagen, was sie hier lesen, ist der größte zu Papier gebrachte Quatsch aller Zeiten? Dann kann ich ihnen nur entgegnen, ich las Artikel von Wissenschaftlern, die behaupteten, dass Lebewesen aus einer Ursuppe von Chemikalien entstanden, in die höchstwahrscheinlich ein Blitz einschlug. Anschließend krochen sie dann aus ihrer Pfütze und sollen die Vorfahren der Krone der Schöpfung, des Menschen, sein. Da es aber laut mittlerweile weit verbreiteter und immer weiter um sich greifenden Meinung gar keinen Schöpfer gibt und alles aus dem Nichts entstand, vergessen sie am besten den letzten Absatz des vorherigen Satzes, das mit der Krone der Schöpfung, dem Menschen.

Der Mensch ist doch nicht durch einen evolutionären Prozess entstanden, sonst hätten sich doch bei Frauen 10 Arme entwickeln müssen ...

Arno Backhaus

In der Bibel ist bereits vorhergesagt, was war, was ist und was kommt:

Der neue Bund

Es raschelte und knisterte ohrenbetäubend. Unwillkürlich zogen die Menschen den Kopf ein, denn alles, was plötzlich von oben kommt, löst kollektive Verunsicherung aus. Es war laut, sehr laut und nur einige Minuten lang zu hören. Erstaunt schauten sich die Leute an. Hatten die anderen das auch gehört? Während des Geräusches blickten sie nach oben und suchten den Himmel verängstigt nach der Quelle des Krachs, der sich im Dezibel-Bereich eines startenden Düsenjägers befand, ab. Niemand hatte jemals vorher ein derart lautes Knistern und Rascheln gehört. So plötzlich es begann, so plötzlich endete es. In Büros, Werkstätten, Schulen, kurz, überall wo sich Menschen trafen, war dieser Zwischenfall das Thema des Tages. Auch in der regionalen Presse und in den sozialen Medien fanden erste kurze Erwähnungen statt. Andere Themen traten aber rasch in den Vordergrund der schnelllebigen Zeit und das Geräuschphänomen geriet in Vergessenheit. Einige Wochen später aber trat es erneut auf. Dieses Mal in der Nacht und weitaus länger als beim ersten Ertönen. Die Menschen stürzten, teils in ihren Schlafanzügen, teils nur notdürftig bekleidet auf die Straßen. Wieder knisterte und rauschte es, als würde ein Orkan in einen riesigen Baum fahren, doch es war völlig windstill. Eine Stunde dauerte das Spektakel an. Erneut schauten die Menschen ratlos, voller Furcht, in den dunklen Nachthimmel. Die Eltern konnten ihren verängstigten, weinenden Kindern keinen erklärenden Trost außer ohnmächtigem „in die Arme nehmen" anbieten. Bei den Alten, die noch hautnah den Krieg erlebt hatten, rief es tief verschüttete Ängste der Nächte der Bombardierungen hervor. Dann trat unversehens wieder von jetzt auf gleich Ruhe ein. Nun kam an diesem Thema niemand mehr vorbei, denn das gesamte Land war dem Lärmterror ausgesetzt gewesen. Bald schon meldeten die internationalen Presseagenturen, dass das Phänomen auch in vielen anderen Ländern weltweit aufgetreten war. Die Regierung bildete einen Krisenstab. Das Bundesumweltministerium wurde hektisch aktiv. Auf allen Sendern, im Internet, im Radio schossen die Spekulationen in bisher unbekannte Höhen. Es war die Zeit der Experten. Schurkenstaaten gerieten in Verdacht, eine neue Psychoterrorwaffe entwickelt zu haben. Elektrosmog sei schuld, behauptete Greenpeace. „Fridays for Future" unter der Leitung der von vielen vergötterten, von anderen verteufelten jungen Anführerin, wurde dem Zulauf kaum noch Herr. Die ersten Mitglieder der „Letzten Generation" klebten sich bereits in der ganzen Republik an Mülltonnen fest. Es gäbe zwar immer mal wieder auftretende Wetterphänomene, die Indizien deuteten aber ziemlich sicher auf die Auswirkungen des Treibhauseffektes als Auslöser hin, mutmaßten führende Klimaforscher. Als die Geräuschbelästigung drei Tage später abermals am helllichten Tag auftrat und ca. vier Stunden anhielt, gab es die ersten Demonstrationen der Lärmgegner, die von der Regierung Ohrenschützer für alle verlangten. Verschwörungstheorien schossen wie Pilze aus dem Boden. Die Kanzlerin stieg gerade aus ihrem Dienstwagen, um sich auf einen weiteren Europagipfel mit den anderen Staatsoberhäuptern dieses Themas anzunehmen, als der vierte XXL-Raschel- und Knisterangriff auf die Gehörgänge der Völker weltweit stattfand. Wieder blieb die Quelle im Dunkel. Die Talkshows wurden zum Sammelbecken von Expertenmeinungen. Die Nachrichtensender berichteten den ganzen Tag. Es gab nur noch ein Thema. Katastrophenszenarios wurden an die Wand gemalt. Hatten die Chinesen etwa irgendetwas ins All geschossen, was nun mit überdimensionalem Motorschaden dort herumschwirrte? War das Raketenabwehrsystem der Amerikaner misslungen? War der Krach die Antwort der Russen auf eben jenes System? Griffen die Außerirdischen an? Nach der fünften Attacke, die von vielen Messgeräten mit 9,5 auf der Skala der von cleveren Messgeräteherstellern zu exorbitanten Preisen rasch auf den Markt geworfenen Instrumente registriert wurde, erfuhren die Verwirrung und die Angst einen weiteren Schub. Es war gegen Mittag. Die Sonne begann plötzlich sich einzutrüben, als sei sie vom Grauen Star befallen. Ein unwirkliches oranges Dämmerlicht entstand. Doch die unheimliche Veränderung blieb bestehen, als diesmal Ruhe einkehrte. Die Temperatur sank schlagartig um fünf Grad. 80 % der Weltbevölkerung war mittlerweile von dem Phänomen betroffen. Die Hersteller von Gehörschutzartikeln kamen der Nachfrage nicht mehr hinterher. Endzeitpropheten hatten Hochkonjunktur. Die NASA hörte erfolglos mit ihren modernsten Geräten das All ab. Ratlosigkeit, Bestürzung und Ohnmacht machten sich unter den Obersten der Staaten breit. 1998 hatten sich die Staatsoberhäupter der Erde in Kyoto getroffen, um über die Zukunft der Erde zu beraten. Ziel war, das Klima dieses wunderbaren, vom All aus blau leuchtendem Planeten zu schützen, um den Kindern für die Zukunft eine lebenswerte Basis zu schaffen. Laut Protokoll sollten die Industriestaaten die Emissionen der sechs wichtigsten Treibhausgase um 5,2 % reduzieren. Das war krachend gescheitert. Nicht im Geringsten war bisher gelungen, was auf dem Papier festgehalten wurde. Teils stiegen die Emissionen sogar an. Die Meere wurden weiter mit Müll überschwemmt. Den darin lebenden Tieren die Lebensgrundlage schleichend entzogen. In alten Bergwerksschächten lagerten radioaktive, tödliche Erblasten für unzählige nachkommende

Generationen von Menschenkindern. Selbst die höchsten Berggipfel waren vor dem Müll des boomenden Eventtourismus nicht mehr sicher. Die Menschen der Erde entwickelten Produkte, verbrauchten Ressourcen und konsumierten unbedenklich fröhlich weiter, als gäbe es kein Morgen. Kamen die Katastrophen, konnte man ja immer noch Gott alles in die Schuhe schieben. Gott war es leid. Hatte er nicht damals zuversichtlich seinen Kindern die Schöpfung anvertraut und ihnen ihren freien Willen gelassen? Natürlich, einmal schon hatte er es bitter bereut und voller Zorn einen Regen auf die Erde niedergehen lassen, den nur Noah und seine Familie in der Arche mit den Tieren überlebte. Damals schwor er sich, einen neuen Bund mit den Menschen zu schließen und sie nie mehr zu vernichten. Doch die Menschen hatten nichts dazugelernt. Es war schlimmer als je zuvor. Gott aber stand zu seinem Wort. Er konnte nicht anders, denn er war gerecht. Also bekamen die Menschen eine weitere Chance. Allen, die Willens waren, die Kriege zu beenden, die Ungerechtigkeit zu beseitigen und am Erhalt der Erde bis zur Wiederkunft von Jesus Christus mitzuhelfen, würde er einen weiteren Versuch nach Recycling gestatten. Alles, was noch von der Erde zu gebrauchen war, sollte im himmlischen Recyclinghof für die letzte Chance und Zeit aufbereitet werden. Gott gab seinen himmlischen Scharen das vereinbarte Zeichen. Auf der Erde hörten die Menschen ein letztes Mal dieses unglaubliche, ohrenbetäubende Knistern, Rascheln und Rauschen, als die Engel den riesigen gelben Sack unter größter Anstrengung mit einem letzten Ruck endgültig um die gesamte Erde legten und ihn zwecks Abtransport mit dem weißen Plastikband verschlossen.

Balken im eigenen Auge? Nie gesehen!
Arno Backhaus

Fußball! Ein Proletensport? Eigentlich nicht. Doch beim Blick in die Stadien scheint sich eine neue Fanszene zu etablieren. Kann man als Familie mit Kindern das Stadion noch besuchen? Klare Antwort: Nein.

Bengalos werden abgebrannt, Silvesterraketen in die Zuschauer geschossen, Böller mit unfassbarer Lautstärke zur Explosion gebracht und dadurch Gehörschäden der Mitmenschen in Kauf genommen, sowie Beleidigungen der untersten Schublade gepöbelt. Was bitte hat das mit Fußball zu tun? Niemand hat das Recht, die Gesundheit der friedlich zuschauenden Fans zu gefährden oder entwürdigende Gesänge öffentlich von sich zu geben. Verbotenerweise Pyrotechnik abzufeuern ist einfach nur dumm! Wir sollen als Christen nicht verurteilen, aber auch nicht stumpf den Mund halten. Das halbe Stadion abzufackeln ist kein Kavaliersdelikt. Bereits vor 21 Jahren entstand die nachfolgende wahre Geschichte über die verkorksten Seelen, die auch da schon ihren Lebensfrust als angebliche Fans beim schönsten Sport der Welt abreagierten. Bereits damals fehlte mir jegliches Verständnis dafür:

Als die Hooligans mal in unsere Kleinstadt kamen

Nach vielen Jahren des Bezirksligasiechtums hatte es der Fußballverein unserer ostwestfälischen Kleinstadt Anno 2002, nicht zuletzt dank der Hilfe honoriger Geldgeber der Ernährungsmittelbranche, geschafft, innerhalb von drei Jahren mit Hilfe von aufgehenden, dem Mammon verfallenen Jungstars und einigen untergehenden, den letzten Mammon ihrer Karriere mitnehmenden Altstars, in die fünfthöchste deutsche Fußballklasse aufzusteigen. Ein Hauch von großer Fußballwelt streifte jedes Mal unser kleines Stadion, wenn ein alter Traditionsverein seine Visitenkarte in Form eines Meisterschaftsspieles bei uns abgab. Die vorgeschriebenen Sicherheitsvorkehrungen jedoch standen in keinem Verhältnis zu den wahren Zuschauermengen, so dass die Kosten des Wachdienstes, die schon alleine die Einnahmen aus dem Kartenverkauf auffraßen, der offensichtlich auf den Verein zukommenden Insolvenz reichlich Vorschub leisteten. An jenem Wochenende, als ein alter Ruhrgebietsclub sich in unserem Stadion ankündigte, dessen Ruhm sich in einigen Gaumeisterschaften nach dem ersten Weltkrieg erschöpfte, standen also junge und alte Provinzkartoffeln gesittet in langer Reihe vor dem einzigen Kassenhäuschen unserer kleinen Arena um ihren Obolus im Tausch gegen eine Karte zu entrichten, die den späteren Generationen von Enkeln als Beweis dienen sollte, dass man einmal im Konzert der leidlich Großen eine kleine Symphonie mitgespielt hatte. Drei Einsatzfahrzeuge der Polizei harrten der zu erwartenden Fanbusarmada des Gegners, dessen Passagiere weitab von uns wenig gewaltbereiten Heimmannschaftsfans in entgegen gesetzter Richtung durch ein Tor ins Stadion geleitet werden sollten, welches der Hausmeister sonst zur Einfahrt für ein abgemeldetes Auto mit einer Stahlmatte im Schlepptau nutzte, um die Aschenlaufbahn zu glätten. Ein kompletter Stehplatzbereich war den sensationslüstern erwarteten Fans des gegnerischen Teams reserviert worden. Alle Unterhaltungen verstummten, als dann zwei Fanbusse, die schon bessere Zeiten gesehen hatten, mit dem Logo des Gegners auf den Parkplatz unserer Sportanlage einbogen. Eine gespannte Stille machte sich breit. Nachdem sich jedoch die Türen öffneten und eine Schar taumelnder, singender Spezies, die eine bunte Mischung aus Karnevalisten in Vereinsfarben und Altkleidercontainerplünderern zu sein schienen, erbrachen, wurde es das erste Mal peinlich. Eilig schlugen sich die überwiegend männlichen Bustouristen in die Büsche, um unsere unbefleckte Stadionnatur mit den Stoffwechselendprodukten der offensichtlich reichlich konsumierten alkoholischen Getränke zu wässern. Sodann öffneten die Busfahrer die Seitenklappen und die Einpeitscher entnahmen dem Gepäckraum voller Stolz unter dem Blick der vielen Kleinstadtbürger riesige Pauken, auf denen sie bis zur Rückkehr zum Bus nach Spielende pausenlos eindroschen. Dass einige, selbst nachdem die Pauken für die Rückfahrt wieder im Bus verstaut waren, noch Schlegel schlagend im Bus ihre Arme weiterbewegten, wie ein Bekannter erzählte, habe ich aber nicht selbst gesehen. Die Promillehöhe lag in etwa beim durchschnittlich zu erwartendem Ergebnis der FDP bei Bundestagswahlen. Das Liedgut, das nun erschallte, erweckte den Eindruck, dass eine Gruppe Lebendorganspender (Gehirn) auf Jahresabschlussfahrt war. Der Obertrommler, quadratisch, praktisch, 180 kg Lebendmasse schlug martialisch mit seinen über und über tätowierten Armen auf seine Pauke ein, als wolle er dem Frust einer Herde Schafe auf Kunstrasen ein Ventil geben. Dazu muss man wissen, Tattoos waren damals noch nicht so angesagt und trugen zu den Zeiten Leute, die sich nach drei Flaschen Schnaps von ihren Saufkumpanen überreden ließen, die Haut in Heimarbeit mit fragwürdigen Kunstwerken verzieren zu lassen, oder die hin und wieder unentgeltlichen Urlaub auf Staatskosten unter Einschluss verbrachten. Die Texte der sich nun in Bewegung setzenden Schar ließen die Unterhaltungen der Mitglieder des Dschungelcamps zu einer Diskussion von Hochintellektuellen mutieren und würden einem Normalsterblichen wegen Beleidigung der Mundschleimhäute nicht über die Lippen kommen. Wes Geistes Kind der Pöbel war, stellte sich dann in der Halbzeit heraus, als Jugendliche unseres Vereins für ein soziales Projekt in den Favelas von Brasilien sammelten. Der Rassismus brach sich Bahn in Form dumpfer Herrenmenschensprüche mit offenem Mund vor sich hin trommelnder Dumpfbacken. Das Pyrotechnik auch noch zum Einsatz kam bewies endgültig, dass diese so genannten Fans erst kürzlich den Verein gewechselt hatten und vorher Edelfans de SC Neandertal gewesen sein mussten. Das Spiel verkam zur Nebensache und endete Unentschieden. Der Punkt wurde als Höhepunkt der Woche auf der Rückfahrt in den vierrädrigen Gummizellen vermutlich gehörig mit Hopfengetränk begossen. Nach einigen nicht druckreifen Verabschiedungssprüchen entschwand der Spuk in der Ferne. Dass der freiwillige Rückzug unseres Kleinstadtvereins in der nächsten Saison mit den Besuchen dementsprechender Fans in Zusammenhang stand, entpuppte sich aber schlussendlich als Gerücht.

Wenn ein Tor fällt, richtet Gott ihn wieder auf.

Arno Backhaus

Wahr oder nicht wahr? Egal! Mir gefiel diese kurze Er-
zählung eines Arbeitskollegen, die er in einer Zeitung
unter „Kurznachrichten" gelesen hatte, so gut, dass ich
eine Geschichte daraus formte:

Gullivers letzte Reise

Gulliver war ein Prachtexemplar einer Dänischen Dogge. Er war nicht ganz reinrassig. Der unbekannte Partner seiner Mutter musste wohl einer außerirdischen Hunderasse angehört haben, denn Gulliver war noch etwas größer als Dänische Doggen gemeinhin. Selbst auf Ponys schaute er mit seinen treuen Hundeaugen von oben herab. Sein Charakter stand im krassen Gegensatz zu seinem furchteinflößenden Äußeren. Er konnte keiner Fliege etwas zuleide tun und lebte in friedlicher Koexistenz mit jedem Lebewesen. Svenja liebte Gulliver innig. Sie hatte den treuen Kameraden vor zwölf Jahren als Welpen von ihren Eltern geschenkt bekommen. Man sagt, dass an Hand der Größe der Pfoten bei jungen Hunden zu erkennen sei, welche Größe sie ausgewachsen erreichen werden. Offensichtlich hatte sich das nicht bis zu Svenjas Eltern herumgesprochen. Gulliver wuchs und wuchs und wuchs und wurde als ausgewachsenes Exemplar zur tierischen Attraktion der Dorfgemeinschaft. Hagen, der Mann von Svenja, achtete bei den ersten Rendezvous respektvoll darauf, Svenja nicht zu nahe zu kommen wenn Gulliver mit im Raum war. Doch bald war auch Hagen von dem liebevollen Gemüt dieses Riesen überzeugt. Mit seinen zwölf Jahren war Gulliver nun alt und hatte Svenja durch gute und schlechte Zeiten treu begleitet. Ob die misslungene Klassenarbeit, ob Ärger mit den Eltern oder Liebeskummer, Gulliver hatte auf den langen Spaziergängen das getan, was die Menschen anscheinend verlernt haben, einfach zugehört. Mit großen Hundeaugen schaute er dabei des meist Svenja aufmunternd an. Nun aber war er alt und gebrechlich. Svenja befürchtete, dass Gulliver nicht mehr lange sein mittlerweile grau gewordenes Fell an ihren Beinen reiben würde. Hagen und Svenja saßen beim gemütlichen Samstagmorgenfrühstück und Svenjas Ehemann blätterte durch den Stapel Werbeprospekte, der schon am Morgen im Briefkasten gesteckt hatte. Plötzlich hielt Hagen inne. „Wow", entfuhr es ihm, „im Elektromarkt um die Ecke gibt es heute den HD Flachbildfernseher Matyrix von Syno für 699 Euro, aber nur heute, das ist echt ein Preishammer. Wir brauchen doch sowieso einen neuen Fernseher, nach dem Frühstück machen wir uns auf den Weg." Svenja, die gerade einen besorgten Blick auf Gulliver warf, der während der wenigen Schritte, die er heute Morgen gegangen war, extrem kurzatmige Geräusche von sich gab, erwiderte: „Ich glaube, das ist keine so gute Idee. Ich denke eher darüber nach, mit Gulliver zum Tierarzt zu fahren, er gefällt mir gar nicht." „Komm", antwortete Hagen, „das können wir doch danach erledigen und somit beide Wege verbinden." Svenja war schnell überredet und so hatten sie Gulliver nach dem Frühstück in den Kofferraum des Kombis verfrachtet und sich auf den Weg zum Elektromarkt gemacht. Vorher suchte Svenja die Bereitschaft habende tierärztliche Praxis heraus, um im Notfall vorbereitet zu sein. Trotzdem Samstag war staute sich der Verkehr schon wieder stadteinwärts. Svenja schaute ab und zu besorgt nach hinten, wo Gulliver lang ausgestreckt lag und in kurzen Abständen ein ungewöhnliches Fiepen von sich gab. Im Parkhaus des Elektromarktes angekommen, begab sich Svenja nach hinten und wollte Gulliver aus dem Kofferraum holen. „Ach Svenja, du weißt doch, dass das nicht geht", protestierte Hagen, „hast du etwa vergessen, wie groß Gulliver ist und welches Aufsehen wir jedes Mal erregen, wenn wir irgendwo mit ihm auftauchen? Wir nehmen in auf keinen Fall mit in den Markt." Svenja starrte Hagen wütend mit diesem Blick an, der es nicht ratsam erschienen ließ, weitere Diskussionen mit ihr zu führen. „Das ist mir völlig egal, ich gehe nirgendwo ohne Gulliver hin und lasse ihn nicht eine Minute alleine", quetschte sie erzürnt zwischen den Zähnen hervor. Kurz vor der Eingangstür des Elektronikmarktes verdrehte Gulliver plötzlich die Augen und gab ein letztes Schnaufen von sich. Eine sehr große Hundeseele begab sich auf den Weg gen Himmel. Die nächsten Minuten bemühten sich Hagen und ein fürsorglicher Mitarbeiter des Marktes, der den Vorfall beobachtet hatte, die tränenüberströmte Svenja zu trösten. Hagen fühlte, aus Unsicherheit Aktivismus vortäuschend, linkisch doch erfolglos nach dem Puls von Gulliver. Schnell fand sich eine große Gruppe Schaulustiger, teils mit gezückten Smartphones, um die riesige Hundeleiche ein. „Der kann hier aber nicht liegen bleiben", sagte der Mitarbeiter des Marktes zu Hagen. Hagen, der ob der surrealen Situation auch nicht mehr in bester Verfassung war, antwortete: „Ach ja? Warum denn nicht?" Der Verkäufer zog beschämt den Kopf ein und stürmte mit den Worten: „Ich kümmere mich", davon. Einige Minuten später erschien er mit einem großen Hubwagen nebst einer Palette und einem riesigen Karton, der einmal einen kombinierten, überdimensionalen Tiefkühlschrank einer Edelmarke enthalten hatte, am Ort des Geschehens. Mithilfe eines Passanten schoben sie Gullivers Leiche behutsam in den Karton und schlossen ihn mit Klebeband. Im Anschluss hievten sie das Paket auf den Hubwagen. Svenja, die von einer Mitarbeiterin des Unternehmens zu einer Tasse Kaffee in ein Büro eingeladen worden war, um sie abzulenken, gewann langsam ihre Fassung wieder. Mittlerweile machte sich der kleine Trauerzug mit Hagen, dem hilfsbereiten Verkäufer und Gulliver im Karton durch das Spalier der Schaulustigen auf den Weg zum Parkhaus. Dort angekommen stellte Hagen die Ladefläche des Kombis her und gemeinsam wuchteten sie den Karton in den Kofferraum. Hagen bedankte sich und machte sich auf die Suche nach Svenja, die ihm am Eingang des Marktes entgegenkam. Sie hatte sich mittlerweile etwas beruhigt und wollte direkt zum Auto, um mit der traurigen Fracht den Heimweg anzutreten. Doch Hagen bat: „Komm Svenja, ich verstehe deine Trauer und auch mir schmerzt das Herz, aber Gulliver wird nicht wieder lebendig, wenn wir heute den Fernseher nicht kaufen. Der ist doch nur heute so günstig. Danach kümmern wir uns um Gullivers Körper." Svenja hob lethargisch kurz die Schultern und flüsterte: „Okay." Eine Stunde später machten sie sich mit anderer Fracht erneut auf den Weg zum Parkhaus. Diesmal enthielt der Karton auf dem Transportwagen einen nagelneuen Matyrix von Syno zum Hammerpreis von 699 Euro. Als Hagen um die Ecke des Parkhauses bog, wo er den Kombi geparkt hatte, stellte er verdutzt fest, dass die Kofferraumklappe hochstand. Er war sich sicher, diese geschlossen zu haben. Dann blickte er entsetzt in den leeren Kofferraum und entdeckte, dass das Schloss aufgebrochen worden war, um den vermeintlichen Tiefkühlschrank zu entwenden. Es wurde noch ein langer und trauriger Abend für Svenja und Hagen ... Etwa 25 km Luftlinie entfernt schleppten Arnie und Ben einen riesigen Karton unter Ächzen und Stöhnen in die dritte Etage zur Wohnung Frederics, ihrem Hehler. Er hatte genau einen solchen Tiefkühlschrank für einen Interessenten bei den beiden Kleinganoven bestellt, die wie immer prompt und pünktlich lieferten. Frederic begrüßte sie freudestrahlend. „Respekt", lobte er die beiden. „Könntest mal einen Aufzug für die Hütte beantragen", antwortete Ben nach Luft schnappend. Mit einem Teppichmesser zerschnitt Frederic das Klebeband, um die Beute zu begutachten. Sie öffneten die Klappe des Kartons. Sechs Augen schauten voller Vorfreude auf zwei geschlossene Augen und einen riesigen Hundekadaver. Wer in dieser Nacht durch einen Wald in der Nähe spazieren gegangen wäre, hätte plötzlich zwei vor sich hin schimpfende Männer entdeckt, die auf einer verborgenen Lichtung unter Zuhilfenahme von Taschenlampenlicht eine tiefe Grube aushoben, um darin pietätlos eine sehr große Hundeleiche zu verscharren ...

Wer mit allen Wassern gewaschen ist, ist noch längst nicht sauber.

Arno Backhaus

Du sollst nicht töten
2. Mose 20,13

Wann gilt das? Für wen gilt das? Gilt das uneinge-
schränkt? Auch, wenn Rachegedanken förmlich das
Töten des Täters fordern! Bringt der Tod des Täters
wirklich Befriedigung? Wie viele Menschen wurden
vielleicht schon unschuldig hingerichtet? Die Todes-
strafe, immer umstritten, hält die Täter, die oftmals im
Affekt handeln, nachweislich nicht von ihren Taten ab.
Jeder Mensch muss dazu seine eigene Meinung finden:

... der werfe den ersten Stein

Alles hat seine Zeit. Zeit zu leben und Zeit zu sterben.
Das Leben kann man nicht zurückholen, das Sterben ist nicht
rückgängig zu machen. Dies ist die Geschichte von Lou Grann
und dessen eigenem Erleben des Unrechts von Golgatha. Die
Geschichte von einem unsinnigen, unwürdigen Tod. Die Ge-
schichte vom Tod eines Unschuldigen, wie er in der Zeitspanne,
in der die Menschen die Erde bevölkern, unzählige Male vor-
kam und weil die Menschen nichts daraus lernten, noch unzäh-
lige Male vorkommen wird, wenn auch die Beweggründe der
schuldigen Mörder, die einem Mitmenschen das Leben nah-
men, sich niemals gleichen, aber immer auf das Schärfste zu
verurteilen sind. Ist nicht der Einzige, dem es zusteht zu richten
unser Gott, der das Leben schenkt? In Psalm 11, Verse 4-6 heißt
es: „Der HERR ist in seinem heiligen Tempel, er thront im Him-
mel und herrscht über alles. Er durchschaut alle Menschen,

nichts entgeht seinem prüfenden Blick. Er sieht sich jeden ganz genau an, den, der Gott liebt, und den, der ihn verachtet. Der HERR hasst den Gewalttätigen aus tiefster Seele. Auf die Schuldigen wird er Feuer und Schwefel regnen lassen, und der Glutwind wird sie versengen." Mittwoch, 10. Mai 2007, 10.00 Uhr. Lou Grann, Häftling A265788, wartet auf seine Hinrichtung. Vier Gefängniswärter, die zum Exekutionsteam gehören, bewachen Lou seit dem Vortag rund um die Uhr. Lou hat sich bereits gestern tränenreich von seiner Mutter verabschiedet. Aufgrund seiner leichten geistigen Behinderung realisiert er immer noch nicht so richtig, was ihm geschehen ist und was nun auf ihn zukommt. Zwei medizinische Techniker betreten in Begleitung der Gefängniswärter Granns Zelle. Im Zeugenraum, hinter der Panoramascheibe gegenüber des Exekutionsraumes, befinden sich bereits die Zeugen der Hinrichtung. Die Techniker binden Lous Oberarme ab und finden routiniert die Venen. Geschickt legen sie eine Kanüle und schicken eine Kochsalzlösung durch die Vene, um zu verhindern, dass sie sich wieder schließt. Um die Hinrichtung nicht zu verzögern, wird für den Notfall auch am anderen Arm eine Kanüle gelegt. Der Gefängnisgeistliche und der Gefängnisoberaufseher betreten den Hinrichtungsraum, dessen Exekutionstisch in der Mitte, längs zum Zeugenraum, steht. Lou wird begleitet von sechs Gefängniswärtern in den Raum geführt. Niemand der Anwesenden schaut ihm in die Augen. Er wird auf dem Tisch festgegurtet. Fußgelenke, Knie, Bauch, Brust und Arme werden fixiert. Die Arme sind auf zwei Holzleisten befestigt, die grotesk vom Tisch abstehen und an eine Kreuzigung denken lassen. Nur der Gefängnisoberaufseher, der Pfarrer und der Exekutionsteamführer befinden sich nun noch im Raum. Ein Techniker tritt ein und verbindet zwei Kabel, die aus der Wand kommen mit den Kanülen in Lous Armen. Nach einem kurzen Gebet verlässt der Pfarrer den Raum.

Mit dem Angebot letzte Worte zu sprechen, kann Lou nichts anfangen. Die panische Erkenntnis einer von Jägern in die Enge getriebenen Kreatur erfasst Lou plötzlich. Instinktiv erkennt er, dass er gleich sterben wird und schreit gellend nach seiner Mutter. In seiner Kopfhöhe steht der Exekutionsteamführer und gibt das Signal für den Fluss des Schlafmittels Thiopental, welches das Gehirn lähmt und das Bewusstsein ausschaltet. Augenblicklich verstummt Lou und schläft ein. Als Nächstes folgt Pancuroniumbromid. Es dient dem Stoppen der Übertragung von Nervenimpulsen an die Muskeln. Lou hört auf zu atmen, seine Lunge streikt, er zittert, Stirn und Hände färben sich blau. Zuletzt wird Kaliumchlorid gespritzt, welches zum Herzstillstand führt. Lous Tod wird vom Leichenbestatter festgestellt, nachdem der Exekutionsteamführer den Vorhang des Zeugenraumes zugezogen hat. Kurze Zeit später wird der Vorhang noch einmal aufgezogen und der Oberaufseher verkündigt: Todeszeitpunkt 12.01 Uhr. Der Vorhang wird wieder geschlossen, die Zeugen verlassen den Zeugenraum. Die Pressesprecherin der Gefängnisbehörde verkündet den wartenden Journalisten den Tod von Lou Grann. Die vor dem Gefängnistrakt wartenden Befürworter der Todesstrafe brechen in Jubel aus. Die Gegner knien nieder und sprechen ein gemeinsames Gebet ...
Lous Vater war ein tyrannischer, dem Alkohol verfallener Hafenarbeiter gewesen. Da er den Großteil des kargen Lohns den er bekam, in den Kneipen rund um das Hafenviertel vertrank, lebten die Granns in bitterer Armut. Lous Mutter machte aus dem wenigen was blieb das Beste und verdiente sich durch diverse Putzjobs selbst einige Dollars, um ein halbwegs menschenwürdiges Leben führen zu können. Lous Vater neigte im Suff zu Brutalität und mehr als einmal schlug er seine Frau und seinen Sohn grundlos krankenhausreif. Seine Frau trennte sich endgültig von ihm, als er Lou derartig zusammenschlug, dass

ein Blutgerinnsel im Gehirn Lou fast das Leben kostete. Nach der Misshandlung durch seinen Vater war der aufgeweckte, neugierige Junge in Lou verschwunden. Er musste fortan mit erheblichen Einschränkungen leben. Besonders merkte man sie ihm an, wenn er logische Schlussfolgerungen ziehen musste, oder sich in emotionalen Ausnahmezuständen befand. 25 Jahre waren nach dieser folgenschweren Tat ins Land gezogen. Lou lebte immer noch bei seiner Mutter, die ihn liebevoll, aber sehr dominant umsorgte. Sie hatte sich stolz geschworen, bis zum letzten Atemzug für Lou zu sorgen, ohne dem Staat auf der Tasche zu liegen. So war Lous Behinderung nicht aktenkundig geworden. Zusammen mit ihrem Sohn lebte sie ein bescheidenes, aber überwiegend sorgenfreies Leben, zu dem auch Lou mit seinem Einkommen beitrug. Einen neuen Partner hatte sie nie mehr erstrebt, da die Erlebnisse mit ihrem tyrannischen Ehemann tiefe Spuren in ihrer Seele hinterlassen hatten. Ihr größter Feind war der Alkohol, den sie aus der Erfahrung der ihm innewohnenden zerstörerischen Kraft vehement aus ihrem und Lous Leben verbannte. Eines Tages besorgte sich Lou eine Flasche Whisky beim Discounter. Einmal im Leben wollte er mit seinen Kollegen mitreden können, die ihm in schillerndsten Farben die tolle Wirkung eines Whiskyrausches schilderten. Eigentlich war Alkohol aufgrund des Kreuzzuges seiner Mutter für Lou tabu. Insgeheim aber erfüllte ihn eine diebische Freude, einmal etwas zu tun, was nicht den fürsorglichen, aber von ihm manchmal als herrischem Willen empfundenen Geboten seiner Mutter entsprach. Bis zu diesem verhängnisvollen Tag führte Lou ein glückliches und zufriedenes Leben und war seit dem Ende seiner Schulzeit bei einem Flugzeugteilezulieferer am Band tätig. Zwar immer still und verschlossen galt er als ein guter Arbeiter, der nie negativ auffiel und seine Tätigkeiten gewissenhaft und zuverlässig erledigte. Gern hätte Lou eine eigene

Familie gehabt, doch die wenigen Verabredungen mit Frauen endeten jedes Mal mit einer Abfuhr, wenn offensichtlich wurde, dass Lou, äußerlich eine stattliche Erscheinung, nicht ein Mann war, mit dem man die Probleme einer langen Ehe lösen konnte. Bereits die Klaviatur des Alltäglichen bereitete ihm manchmal große Schwierigkeiten. Irgendwann hatte er es aufgegeben, seinem Traum, eine Familie zu gründen, nachzujagen. Die vielen in seiner Kindheit und Jugend erlittenen Demütigungen aufgrund seiner Behinderung hatten ihn zu einem introvertierten, einfältigen Eigenbrötler gemacht, der aber im Grunde seines Herzens rechtschaffen und gutmütig war. Lou war in Sachen Alkohol völlig unerfahren. Doch an jenem unseligen Donnerstag, als seine Mutter von 19.00 Uhr bis 22.00 Uhr zu ihrem Bingoabend entschwunden war, holte er die in seiner Arbeitstasche ins Haus geschmuggelte Whiskyflasche aus seiner Arbeitstasche, um jene von seinen Kollegen prophezeite Seelenreise anzutreten. Da er keinen sofortigen Wirkungseintritt bemerkte, trank er die Flasche mit großen Schlucken in kürzester Zeit aus. Das führte zu einem verheerenden Ergebnis. Eigentlich hatte Lou geplant, die leere Whiskyflasche am anderen Morgen auf dem Weg zur Arbeit in einer städtischen Mülltonne zu entsorgen. Doch die Hemmungslosigkeit durch die einsetzende Betrunkenheit und die Angst, seine Mutter könnte bei einem letzten abendlichen Blick in sein Zimmer die leere Flasche entdecken, veranlasste Lou, der die Ordnung liebte, zu einer Tat, die er im nüchternen Zustand niemals begangen hätte. Die Whiskyflasche unter den Müll in der Tonne verschwinden zu lassen, kam ihm kurz in den Sinn, doch Lou war so betrunken, dass er hätte zur Mülltonne kriechen müssen. So öffnete er einen Fensterflügel seines Zimmers, holte mächtig schwankend aus und katapultierte die leere Flasche in hohem Bogen in die Dunkelheit, nicht ahnend, welche fatalen Folgen dieser Wurf für sein zu diesem Zeitpunkt noch in geraden Linien laufendes Leben haben würde. Zufrieden schloss er das Fenster, sank auf sein Bett und fiel dem Alkohol geschuldet augenblicklich in einen komaähnlichen Schlaf. Das Haus der Granns befand sich in direkter Nähe zu einem Supermarkt, an dessen Abfallbehältern sich zur gleichen Zeit des Flaschenwurfs zwei Obdachlose zu schaffen machten, Fred Cohan und Alex Miller. Die beiden waren harte Hunde der Straße und mehr als einmal wegen nicht unerheblicher Gewalttaten mit dem Gesetz in Konflikt geraten. Auch sie hatten den ganzen Tag ordentlich dem Alkohol zugesprochen und suchten nun nach einer Gratisabendmahlzeit. Einige Joghurts mit abgelaufenem Haltbarkeitsdatum, zusätzlich vier vertrocknete Möhren und ein leicht angeschimmeltes Stück Hartkäse waren das karge Ergebnis aus der Mülltonne. Friedlich hatten sie sich die Ausbeute geteilt. Fred Cohan, der aufgrund der nach Sonnenuntergang schnell hereinbrechenden Kälte bereits seine Handschuhe angezogen hatte, baute sich für die Nacht ein notdürftiges Lager aus Pappkartons. Alex Miller begann ebenfalls damit, sich ein Nachtlager in der Nische neben dem Müllbehälter über einem Gitterrost einzurichten, aus dem die warme Luft der Klimaanlage entwich, denn so heiß auch die Tage waren, so kühl waren die Nächte. Der Himmel war sternenklar. In der Weinflasche zwischen Alex und Fred befand sich nur noch ein kleiner Rest, über dessen Besitz die beiden Angetrunkenen in einen anfangs harmlosen Streit gerieten. Dieser eskalierte mehr und mehr und mündete in der Eruption der Verletzungen zweier verkorkster Leben. Animalische Gewalt brach sich die Bahn. Als Lou Grann die Whiskyflasche aus dem Fenster warf, einige Zeit bevor die beiden Vagabunden auftauchten, war sie beim Aufprall in zwei Teile zerbrochen. Fred wollte Alex nicht töten. Doch als die beiden Streithähne sich unter lautstarker Beschimpfung miteinander ringend über die

Grasfläche wälzten, wurde aus ihrem harmlosen Zwist ein Kampf auf Leben und Tod. Der körperlich weit überlegene Alex drückte Fred mit beiden Händen die Kehle zu. Fred griff hinter sich und suchte irgendetwas, mit dem er Alex auf den Kopf schlagen konnte, um dessen Hände an seinem Hals zu lösen. Dabei ertastete er die zerbrochene Whiskyflasche, ergriff sie und stach blindlings auf Alex ein. Bereits der erste Stich durchtrennte die Halsschlagader von Alex, der innerhalb weniger Minuten verblutete. Als er sich der Tragweite seiner Tat bewusst wurde, ergriff der plötzlich stocknüchterne Fred seine wenigen Habseligkeiten mit zitternden Händen und ergriff panisch die Flucht. Gegen Mitternacht erklomm er am Bahnhof den offenen Waggon eines Güterzuges und war am nächsten Morgen, bereits 400 Meilen entfernt, spurlos vom Tatort verschwunden. Lou, der das erste Mal im Leben einen totalen Filmriss durch den Alkoholmissbrauch hatte, konnte sich beim Klingeln seines Weckers am nächsten Morgen, als er mit brummendem Schädel erwachte, an nichts erinnern. Schwer angeschlagen machte er sich auf den Weg zur Arbeitsstelle. Selbst der Verbleib der leeren Whiskyflasche war ihm ein Rätsel. Nie wieder Alkohol, schwor er sich. Tiefe Dankbarkeit über die Weisheit seiner Mutter bezüglich dieses Themas ergriff ihn. Sie hatte mit der Warnung vor diesem Teufelszeug recht gehabt und würde ihn wohl immer vor der bösen Welt da draußen schützen. Als Susan Smith, Verkäuferin des Supermarktes, ihrer Pflicht Genüge tat, die Milchprodukte in den Kühlregalen zu kontrollieren, entdeckte sie einige Quarkbehälter, deren Verfallsdatum deutlich überschritten war. Sie machte sich mit ihnen auf den Weg zum Müllbehälter, um sie zu entsorgen. Dort entdeckte sie in einer riesigen Blutlache die Leiche von Alex Miller. Kurze Zeit später wimmelte es von Polizisten, die den Fundort absicherten. FBI-Agenten und die Mitarbeiter der Spurensicherung machten sich routiniert ans Werk. Das Tatwerkzeug lag direkt neben dem Kopf des Toten. Da Fred Handschuhe getragen hatte, befanden sich auf dem abgebrochenen Flaschenhals der Whiskyflasche nur die Fingerabdrücke von Lou Grann. Umgehend begannen die FBI-Ermittler mit der Befragung der Anwohner. Lous Mutter, die keinerlei Angaben zum Vorfall beisteuern konnte, erzählte bereitwillig, dass ihr Sohn Lou bei ihr lebe und erst gegen 16.00 Uhr von der Arbeit heimkäme. Vielleicht hätte er etwas Verdächtiges bemerkt. Um 16.15 Uhr standen die Kriminalbeamten erneut vor der Tür und erhofften von Lou einige sachdienliche Hinweise zu erhalten. Lou, der sich an den Vorabend so gut wie nicht mehr erinnern konnte und dem es schwerfiel, sich zu artikulieren, verwickelte sich aufgrund der geschickten Fragestellung der beiden langgedienten Mitarbeiter rasch in Widersprüche und redete sich um Kopf und Kragen. Gegen 18.00 Uhr transportierte man ihn als Tatverdächtigen auf das Polizeirevier, wo er einem siebenstündigen knallharten Verhör unterzogen wurde. Für Lous Mutter brach die Welt endgültig zusammen. Um 01.00 Uhr des Nachts gestand Lou nach einer suggestiven Frage, um Ruhe zu haben, dass er einfach einmal sehen wollte, wie ein Mensch stirbt. Zwischenzeitlich war die Durchsuchung von Lous Zimmer erfolgt. Man fand einige frei verkäufliche Blut- und Horror DVDs in Lous Sammlung, die den Ermittlern dazu dienten, dass Motiv für Lous Verhalten zu erhärten. Zwar konnte Lou sich wahrheitsgemäß an nichts erinnern, doch in seiner gedanklich einfach konstruierten Vorstellung erhoffte er sich mit seinem Geständnis das Ende der Gehirnwäsche. Er konnte und wollte nicht mehr. Sein einfältiges Gemüt war nach den langen Stunden des Verhörs weichgeklopft. Er sehnte sich nur noch nach Ruhe und der Rückkehr in sein altes behütetes Leben. Die Konsequenzen seiner Aussage konnte er nicht ermessen. Mit dem Geständnis, unter welches er seine Unterschrift setzte, besiegelte er seinen Tod. Die Fingerabdrücke auf der Whiskyflasche waren eindeutig von Lou. Seine Arbeitskollegen erinnerten sich, dass Lou am Morgen nach der Tatnacht stark nach Alkohol gerochen hatte, keinen klaren Gedanken fassen konnte und völlig neben sich stand. Am Nachmittag des Folgetages fand eine Pressekonferenz statt, in der der schnelle Fahndungserfolg bekannt gegeben wurde. Wenige Minuten später flimmerte die Meldung bereits über die Bildschirme der Wohnzimmer. Die Reporter der Sensationspresse hatten bereits die ersten Stimmen der Nachbarn eingefangen, die sich in der Berühmtheit für einen Tag sonnten. Dieser Lou wäre schon immer ein wenig eigenartig gewesen, hieß es. Ab und zu wäre da so irrer Blick in seinen Augen gewesen, wenn man ihm auf der Straße begegnete. Gut, dass er hinter Schloss und Riegel säße, dieser Kranke. Ein Lob auf die Polizei, die so schnell den Täter ermittelte, hörte man aus den Reihen der Amtsträger. Der Prozess war Lou schnell gemacht. Unzurechnungsfähigkeit wegen Alkohol schied aus, da Lou zum Zeitpunkt der Festnahme und der Blutabnahme keinen Alkohol mehr im Blut hatte. Ein psychologisches Gutachten bescheinigte zwar eine leichte Behinderung, die aber keine Schuldunfähigkeit begründete. Lou Grann war für seine Tat voll verantwortlich, hieß es in der Urteilsbegründung. Das Geständnis und die Indizien sprächen eine eindeutige Sprache. Heimtücke und niedere Beweggründe seien das Motiv gewesen. Lous Pflichtverteidiger bemühte sich redlich und zog alle Register, doch auch er konnte die einmal in Gang gesetzte Maschinerie nicht bremsen. Seine Hinweise auf massive Verfahrensfehler wurden lapidar abgeschmettert. Das Urteil lautete: Tod durch Giftspritze. Dreimal erreichte Lous Verteidiger einen Aufschub der Hinrichtung. Beim vierten Mal standen die Wahlen des neuen

Gouverneurs vor der Tür. Der alte, ein Hardliner, der seine Wie-
derwahl anstrebte, wollte ein Zeichen setzen und blieb uner-
bittlich.

Am 10. Mai 2007, um 10.00 Uhr starb Lou Grann, ein Unschul-
diger, im Namen des Volkes!

Jeder Mensch ist einzigartig. Als Gott uns geschaffen hat, hat er nachher die Gussform weggewor-fen.

Verfasser unbekannt

Es bereitet eine diebische Freude, sich vorzustellen, wie man das Verhalten der Menschen als jemand betrachten würde, der plötzlich ohne viel Wissen über die Spezies Mensch auf diesem Planeten ankommen würde. Dieser Gedanke, der mir in einem großen Fußballstadion kam, führte zu der fiktiven Geschichte:

Aus dem Tagebuch eines Außerirdischen

Wenn man sich diesem vom Weltraum aus herrlich anzusehenden, von uns zum Ausspähen auserkorenen blauen Planeten zufliegt, ist man beim Näherkommen zur Erdoberfläche erstaunt, wie die Bewohner mit den Ihnen anvertrauten Ressourcen umgehen. Das veranlasst mich zu der Mutmaßung, dass sie schon genau wissen, dass ihre Lebensform nicht mehr lange Bestand hat und in Kürze aussterben wird. Dort herrscht eine unglaubliche Vielfalt an Lebewesen und Dingen, deren Sinn und Zweck ich während des Anlasses meines Antrittsbesuches nicht detailliert erfassen konnte. Eine unendlich schöpferische Intelligenz muss das alles hervorgebracht haben. Derartiges kann nicht per Zufall entstanden sein. Da die Lebewesen dort Emotionen ihr Eigen nennen, analytisch denken und Folgen ihrer Handlungen abschätzen, sowie moralisch agieren können, werden sie unmöglich aus einem zufälligen Aufeinandertreffen von Chemikalien entstanden sein können. Überwiegend trifft man dort auf zweibeinige Wesen, die Geräusche von sich geben, mit denen sie Reaktionen in Form anderer Geräusche von anderen Zweibeinern, aber auch Handlungen auslösen. Des Weiteren gibt es Lebewesen mit vier Beinen, die ebenfalls, teils laute, Geräusche von sich geben, aber auch beinlose Wesen im Wasser, die aber geräuschlos agieren. Die letztgenannten Mitwesen benehmen sich des meist unwillkürlich. Dieses Benehmen würde einen weiteren Erdbesuch und Erforschung rechtfertigen. Auffällig ist, dass ein Teil der Zweibeiner eher tiefe Geräusche von sich gibt, der andere hohe. Die kleinen Zweibeiner scheinen bis zu einer bestimmten Größe hohe Töne zu erzeugen. Überhaupt scheint sich die eine Art der ausgewachsenen Zweibeiner schon rein äußerlich von der anderen zu entscheiden, was aber bei weiteren Forschungsbesuchen noch zu ermitteln sein wird. Fast alle Zweibeiner halten von morgen bis abends an jedem Ort ein kleines viereckiges Kästchen in der Hand, in das sie oft starren. Dabei gehen sie auf das geheimnisvolle Ding blickend, den Kopf geneigt vor sich hin. Bleiben sie einmal stehen, drücken und tippen sie mit den Fingern der anderen Hand ekstatisch auf das Kästchen. Viele kleine Zweibeiner haben Stöpsel mit Schnüren daran, welche zu dem oben genannten Kästchen führen, in den seitlichen Öffnungen der oberen Extremitäten. Sie wippen hin und her und kommunizieren so gut wie gar nicht mit anderen Zweibeinern. Fast jeder Zweibeiner scheint auf dem Weg nach irgendwohin oder von irgendwoher zu sein. Nicht alle geben ununterbrochen Geräusche von sich, wenn sie sich begegnen, doch manche, die sich beim Begegnen auf den Körper klopfen umso lauter. Nun aber zum Grund meines Besuches. Ich habe den Auftrag erhalten, jene eigenartigen, vom Weltall gut zu sehenden, Suppenschüsseln ähnelnden Behältern zu besuchen, um ihren Zweck zu erforschen. Da wir vorher statistisch erfasst hatten, an welchen Tagen im Erdenjahr diese Schüsseln überwiegend oft aufgesucht wurden, sandte man mich an einem Samstag auf die Expedition. Gut getarnt als Ihresgleichen, in ein neutrales Tuch gewickelt folgte ich also einer riesigen Menschenmenge auf dem Weg zu dieser ominösen Suppenschüssel. Ein Teil der Menge trug diverse Stoffe in blau und weiß um den

Körper, die anderen in schwarz und gelb. Begleitet wurden sie von Zweibeinern in schwarz mit irgendetwas rundem auf dem Kopf, das vorne aber die Sicht durch eine Glasscheibe ermöglichte. Einige saßen auf Vierbeinern und viele von ihnen in grün - weißen Autos ... Auffällig waren Stöcke an den Seiten ihrer Beinkleider. Die Masse aber ging zu Fuß Die blau-weißen und schwarz-gelben Zweibeiner bewegten sich teils melodische, teils aggressive Geräusche von sich gebend, in Richtung der riesigen Schüssel. An den Löchern, die in die Schüssel führte, wurden sie von Kopf bis Fuß oberflächlich abgeklopft. Viele trugen lange Stangen mit einem blau-weißen oder schwarz-gelben Stofffetzen mit sich, die sie wild hin und her schwenkten. Wieder andere pusteten in eigenartige Rohre, aus denen ohrenbetäubender Lärm erklang. In der Schüssel angekommen ereignete sich eine Art Ritual. Die Zweibeiner in meinem Bereich der Schüssel machten alle gleiche melodiöse Geräusche, aggressive Bewegungen und gaben hohe Töne mit gespitzten Lippen von sich. Irgendwann versuchten einige Zweibeiner die Schüssel anzuzünden. In diesem Zusammenhang sei erwähnt, dass unser Wörterbuch der Erdlinge einen Fehler enthalten muss. Ein tiefe, sehr laute Geräusche von sich gebender unsichtbarer Zweibeiner bat laut Wörterbuch darum, mit dem Anzünden aufzuhören, um nicht die Mitzweibeiner zu gefährden, doch die Feuerzweibeiner zündelten umso schlimmer. Vielleicht handelt es sich um ein weiteres Ritual oder aber um den harmlosen Versuch, den wenigen Zweibeinern die mittlerweile begonnen hatten auf dem Grün in der Mitte der Schüssel herumzulaufen, zu zeigen, dass ihre Aktionen keinen Anklang fanden, denn 10 Minuten war nur noch Nebel zu sehen. Der Wortschatz der Schüsselbesucher scheint sehr begrenzt zu sein. Im Biobuch über die Erdlinge fand ich den Hinweis, dass sie mit voller Blase ohne sofortige Möglichkeit der Leerung dazu neigen auf der Stelle zu hüpfen. Immer wieder begannen Tausende wie auf Kommando rhythmisch, hektisch, laute Geräusche von sich gebend, zu hüpfen. Als der Nebel sich verzog erkannte ich in der Mitte der Schüssel auf dem Grün einige wenige herumirrende Zweibeiner, die anscheinend planlos hin- und herrannten. Sie trugen ebenfalls blau-weiße oder schwarz-gelbe Stofffetzen, die aber an den Beinen gekürzt waren. Sie schienen sich um einen runden schwarz-weißen Gegenstand zu streiten, den jeder gerne gehabt hätte. Total darauf fixiert traten sie ihn dann aber, sobald er in ihre Nähe kam. Je näher sie einem mit Netz bespannten Kasten kamen, umso lauter wurden die Geräusche der Zweibeiner um mich herum, je nach Farbzugehörigkeit. Einige schienen entsetzt zu sein, andere jubelten und umarmten sich, wenn der runde Gegenstand in den Netzkasten flog, was einer der Zweibeiner mit Händen und Füßen vor dem Netzkasten stehend zu verhindern versuchte. Besonderen Respekt hatte man vor einem schwarz gekleideten Zweibeiner, der mit einem Gerät hohe, trillernde Töne von sich gab und damit vielfältige Reaktionen auslöste. Wenn der Zweibeiner dieses Geräusch machte, gab ein Teil der Menge unflätige Gesänge von sich, wie ich an Hand des erdischen Wörterbuches recherchieren konnte, während die anderen sich freuten. Was es damit auf sich hat, dass sie wussten, wo das Auto des schwarzen Zweibeiners stand und was ein Auto ist, gilt es noch zu ergründen. Irgendwann aber wiederholten sich Geräusche und Aktionen und als der in schwarz gekleidete Zweibeiner plötzlich ein weiteres, besonders lautes, doppeltes hohes Trillern von sich gab, sich den runden Gegenstand schnappte und im Innenraum der Schüssel damit verschwand, ohne dass die Zweibeinermenge protestierte, beschloss ich, den sich nun in Bewegung begebenden Zweibeinern rund um mich herum zu folgen. Das Ritual schien noch nicht vorbei zu sein, denn sie verließen die Schüssel nicht ganz, sondern begaben sich zu kleinen Öffnungen in den Wänden, aus denen ihn ein schwitzender Zweibeiner, unterstützt von Zweibeinern im Hintergrund, welche an zischenden und dampfenden Geräten standen, einen wabbligen, braunen, länglichen, leicht gekrümmten Gegenstand, umrahmt von fettig glänzenden, gelben Klötzchen in einer kleinen weißen Schale, bedeckt mit gel-artiger roter oder gel-artiger weißer Substanz reichte. Als Gegengabe erhielt er Papierfetzen oder runde Metallstücke. Dieses Gemengsel schoben sich die verkleideten Zweibeiner in die Öffnung im Gesicht. Zusätzlich schütteten die meisten eine gelbliche Flüssigkeit in sich hinein. Rätselhaft erschien mir, dass einige Zweibeiner nur vorwärts gingen, andere aber recht unkoordiniert seitwärts und vorwärts taumelten. Die, welche seitwärts und vorwärts gingen, gaben zusätzlich besonders laute melodiöse Töne von sich. Dann erspähte ich einen anderen Raum, vor dem sich hintereinander eine lange Reihe Zweibeiner aufstellten und der ich mich neugierig anschloss. Als ich vor einer kleinen alienkopfähnlich geformten Schüssel stand und nicht wusste, was ich tun sollte, beobachtete ich aus den Augenwinkeln, dass dem Zweibeiner zu meiner rechten etwas herauslief, was genauso aussah, wie dass, welches die meisten oben hereingeschüttet hatten. Wie ich auf dem Rückweg von diesem eigenartigen Tun zu meinem Platz feststellte, gab es aber auch eine vereinfachte Möglichkeit, dieses flüssige Material wieder los zu werden. Einige, die kurz zuvor, das Zeug in sich hineingeschüttet hatten, brachten es nach kurzer Zeit schwallweise wieder aus derselben Öffnung oben heraus. Diese Zweibeiner machten sich auch nicht die Mühe, den vorher beschriebenen Raum aufzusuchen, sondern entledigten sich der Flüssigkeit gleich an Ort und Stelle. Als alle Zweibeiner wieder zurückgekehrt waren, kam der schwarz gekleidete Zweibeiner mit dem runden Gegenstand wieder aus den Katakomben, machte erneut seine Trillergeräusche und das Ganze begann von vorn. Die Zweibeinermenge war mittlerweile so aufgepeitscht, dass sie mit zornigen Gesichtern im Wechsel Todesdrohungen gegen den Zweibeiner in Schwarz ausstieß, was dieser aber mit stoischer Ruhe über sich ergehen ließ. Nur ab und zu sprach er mit zwei wütenden, rotgesichtigen Zweibeinern, die irgendwie wichtig zu sein schienen und wie wild mit den Armen rudernd an einem Seitenstreifen entlangliefen. Einem zeigte der schwarze Zweibeiner erst ein gelbes Papier, dann ein rotes, worauf dieser vor sich hin spuckend und schimpfend, beleidigt zu der großen Zweibeinermenge hochmusste. Als erneut versucht wurde, die Schüssel anzuzünden und auch ohrenbetäubendes Knallen einsetzte, zogen Zweibeiner mit Helmen auf den Köpfen auf, welche zähnefletschende Vierbeiner bei sich führten. Irgendwann ertönte das letzte Mal das laute Geräusch des schwarzen Zweibeiners. Die eine Hälfte der Zweibeiner in der Schüssel schien glücklich zu sein, die andere enttäuscht. Unten bestürmten die gelb-schwarzen den schwarzen Zweibeiner mit roten, wütenden Gesichtern, die blau-weißen lagen sich in den Armen. Auf dem Weg zurück zum Raumschiff sah ich, dass die Stangen mit den Stofffetzen nun dazu genutzt wurden, sich gegenseitig auf den Kopf zu schlagen. Wohlweislich ging ich dem aus dem Weg. Die, die seitwärts und vorwärts liefen, waren mehr geworden und entsorgten die Flüssigkeiten oben und unten auf dem Rückweg um die Schüssel. Fazit: Die Worte aus dem Erdenwörterbuch, die ich schon kannte, habe ich genutzt. Den Reinbericht werde ich noch anpassen. Dieser erste kurze Eindruck beantwortet nicht alle Fragen und hinterlässt eine gewisse Ratlosigkeit, da im Bericht von Astroia 1, der letztens auf der anderen Seite dieses Planeten war und leidende, sterbende, ausgemergelte Zweibeiner entdeckte, von dem, was ich beschrieb, nichts entdeckte. Herauszufinden, warum diese Zweibeiner nicht, wie wir, ein für alle gleiches Leben führen und zu erfahren, ob es sich lohnt von dieser Spezies zu lernen erscheint mir erst einmal die dringlichste Aufgabe zu sein.

So manches, was der Mensch unter Alkoholeinfluss anrichtet, bewirkt oftmals Schlimmeres, als jenes, was Seiz geschah. Die Geschichte entstand aufgrund des lobenswerten Slogans des Deutschen Fußballbundes vor einigen Jahren „Keine Macht den Drogen". Wurden dann Länderspiele übertragen, lief im Vorfeld in der Werbung überwiegend Bierreklame. So entstand:

Heute ein König

Ahnungslos wie ein Schwein im Schlachthof-Lkw war Bodo Seiz, ausgebildeter Diplomchemiker, am Vortag auf Bitte seines Vorgesetzten um 09.00 Uhr in dessen Büro zwecks einer Besprechung eingetroffen, wie er dachte. Die schlechte Wirtschaftslage bedinge es, den Betrieb umzustrukturieren und leider auch Personal einzusparen, hatte dieser ihm mitgeteilt. Da Seitz einer der zuletzt neu hinzugestoßenen Mitarbeiter sei, müsse er ihm leider verkünden, dass ihr gemeinsames Arrangement nach der vorgeschriebenen Kündigungsfrist ende. Das hatte Seiz einen schweren Schlag versetzt. Um die neue Situation erst einmal ein wenig sacken zu lassen und über Perspektiven nachzu-

154

denken, wollte Seiz den folgenden arbeitsfreien Feiertag nutzen. Jeder Mensch sucht letztendlich nach Liebe. Auch Anerkennung beruflicher Leistung war somit indirekt eine Vorstufe der Liebe. Diese Anerkennung war Seiz entzogen worden und er befand sich in einer Art Trauerprozess. Am Vorabend des Feiertages deckte er sich im Supermarkt mit zwei Flaschen Rotwein ein. Seiz schlief erst einmal aus und nahm im Anschluss ein ausgiebiges Frühstück zu sich. Es war ein herrlicher Sommertag. Er beschloss, an diesem Tag die Seele baumeln zu lassen. Gegenüber seiner Wohnung befand sich ein Park, an dessen Rand eine Bank der Stadt stand. Von dort aus konnte man wunderbar die vorbeispazierenden Menschen und die gegenüberliegende Bushaltestelle beobachten. Seitz nahm auf der Parkbank Platz und ließ sich die herrliche Morgensonne auf den Bauch scheinen. Gerade fuhr die Buslinie 14 ab. „Heute ein König" prangte in großen Lettern an der Seite des Busses. Ein bekannter Fußballnationalspieler hielt eine Bierflasche in die Kamera und strahlte dabei, als sei er gerade Weltmeister geworden. Auf seinem Trikot stand über dem DFB-Logo „Keine Macht den Drogen". War noch niemandem der Widerspruch dieser Werbebotschaft aufgefallen, fragte sich Seiz. Doch er suhlte sich gedanklich ob seiner eigenen Probleme erst einmal ein wenig in Selbstmitleid. Dann nahm er einen tiefen Schluck aus der Rotweinflasche. Selten war er in seinem Leben mal ein König, und wenn auch nur für einen Tag, gewesen. Prompt zogen alle seine Misserfolge an seinem inneren Auge vorbei. Schwere Kindheit, abgehakt. Knieverletzung und Karriereende als verheißungsvoller Nachwuchsbasketballer des ortsansässigen Bundesligavereins, abgehakt. Die große Liebe der beruflichen Karriere geopfert, abgehakt. Jetzt auch noch genau diese Karriere gestoppt, abgehakt. Er nahm einen weiteren tiefen Schluck aus der Rotweinflasche. Wohlige Wärme durchzog seinen Körper. Nachdem die erste Flasche nur noch Luft enthielt, befand er, dieser Tag sei ein Tag, der es wert war, die zweite Rotweinflasche zu leeren. Leicht schwankend machte er sich auf den Weg, um Nachschub zu besorgen. Kurz darauf saß er wieder auf der Parkbank und beobachtete erstaunt, plötzlich auftauchende vorbeirasende Radrennfahrer. In kleinen Gruppen, doch auch einzeln sausten sie an Seiz vorbei. Die Spur der Straße auf seiner Seite schien gesperrt zu sein, da die Busse heute nur in eine Richtung ihre wertvolle Fracht durch die Stadt transportierten und ein Schild auf den Weg zu einer provisorisch eingerichteten Haltestelle der Gegenrichtung hinwies. Das war Seiz schon morgens aufgefallen. Doch erst jetzt entdeckte er das Plakat, welches an dem gegenüberliegenden Buswartehäuschen auf das Radrennen und die geänderte Linienführung der Busse an diesem Tag hinwies. Seiz überquerte die Straße und las: Rund um den Weidenecker Turm. Jedermann-Radrennen am 22. Juli. Start 10.00 Uhr. Startgebühr 10 Euro. Zurück auf der Parkbank überfiel Seiz eine große, nicht zuletzt auch dem Rotwein geschuldete, Zufriedenheit. Er genoss es, Menschen zu beobachten, die sich für einen Tag Ruhm und Ehre abquälten. Sei zufrieden, sagte er sich, das Leben geht weiter. Runde für Runde zogen die schwitzenden Radtitanen an ihm vorüber. Schluck für Schluck aus Flasche zwei wurde Seiz leichter ums Herz. Zum wiederholten Male kam die Nummer 43 als erstes um die Ecke des Rundkurses gesaust. Erst ein, zwei Minuten später folgte der Pulk der Verfolger. Einige Runden später geschah der Vorfall, den Seiz, mittlerweile reichlich angetrunken, zu einer Aktion verführte, die ihm nüchtern nie in den Sinn gekommen wäre. Nr. 43, einsamer Spitzenreiter, touchierte mit dem Vorderrad den Bordstein, kam ins Trudeln und stürzte. Gerade wollte Seiz aufspringen, um seine Hilfe anzubieten, da rappelte sich der anscheinend unverletzt gebliebene Pechvogel auf, betrachtete sein völlig verbogenes Vorderrad, riss sich enttäuscht seine Startnummer vom Trikot, begab sich mitsamt dem Rad auf die gegenüberliegende Seite, stieg in die Linie 14 und war verschwunden. Der Wind blies Seiz die fortgeworfene Nummer 43 direkt vor die Füße. Er hob sie auf und betrachtete sie. Dann sah an sich herunter. Seine saloppe Sportkleidung ließ ihn durchaus als Radsportler durchgehen. Sein altes Rennrad, das er für den Weg zur Arbeit nutzte, lehnte mitsamt seines Helmes an der Hauswand. Seiz sauste, soweit es sein Zustand zuließ, zu seinem Rad und setzte den Helm auf. Schell befestigte er die mit Sicherheitsnadeln versehene Startnummer 43 an seinem Shirt. Anscheinend hatte der gestürzte Amateurradfahrer einen Vorsprung von vier, fünf Minuten herausgefahren, denn noch waren die Verfolger nicht zu sehen. Seiz sauste los. Die Strecke war hervorragend ausgeschildert. Bereits nach einem Kilometer bog Seiz auf die Zielgerade. Ein aufgeregt die Zielfahne schwenkender junger Mann signalisierte ihm, dass er der Sieger des Rennens war. Die Zuschauermenge jubelte ihm enthusiastisch zu. Im allgemeinen Durcheinander fiel niemandem auf, dass Seiz nicht schwitzte und eine erhebliche Alkoholfahne vor sich hertrug, welche er aber geschickt durch einen ordentlichen Schluck aus der Sektflasche kaschierte, die ihm als Sieger von irgendjemandem gereicht wurde. Nach den Gratulationen der Konkurrenten, die keinerlei Verdacht schöpften, sich höchstens über den noch nie zuvor gesehenen, neu aufgehenden Radrennstar wunderten und einige Fotos mit der Prominenz, kehrte Seiz am Abend mit einem überdimensionierten Pokal im Arm zu seiner Wohnung zurück. Am nächsten Morgen erwachte Seiz, weil ihn irgendetwas blendete. Die Sonne schien auf den neben ihm im Bett liegenden glänzenden Pokal, der die Strahlen in Seiz Gesicht lenkte. Seiz hatte wahnsinnige Kopfschmerzen. Erschrocken blickte er auf das silberne Monster neben ihm. 1. Platz

Amateurrennen „Rund um den Weidenecker Turm" las er. Langsam bahnte sich der betrügerische Akt des Vortages seinen Weg in Seiz schmerzenden Kopf. Schlagartig ergriff ihn tiefe Scham. Den Pokal deponierte er in die hinterste Ecke eines Schrankes im Keller. Etwa eine Woche später entdeckte er zu seinem Entsetzen auch noch sein Siegerbild auf dem Titelblatt der Weidenecker Rundschau. Über einen längeren Zeitraum rasierte sich Seiz nicht mehr und begab sich nur noch mit Sonnenbrille und Baseballkappe unter die Menschen. Alles hat seinen Preis. Auch der des Königs für einen Tag …

König Artur

Welches Menschenleben ist wertvoller? Das eines Menschen, der besser als der Durchschnitt einem Lederball nachjagt und für den ein französischer Fußballverein 222 Millionen Euro Ablöse an einen anderen Verein zahlte, um sich für ein Jahresgehalt von 37 Millionen Euro (Quelle: Football Leaks) seine Dienste zu sichern? Oder das des im Steinbruch arbeitenden Familienvaters in Indien, der aus Armut in Schuldknechtschaft gerät und dessen Kinder als „Leibeigene" des Steinbruchbesitzers dazu verurteilt sind, diese Schuldknechtschaft zu erben und nie mehr aus der Abhängigkeit herauszukommen?
Oder jenes des Obdachlosen, der seine Mitmenschen in der Einkaufsstraße um einen Euro bittet? Auch in unserer Leistungsgesellschaft ist der Normalfall, dass wir bewerten oder bewertet werden nach Besitz, Beruf, Ansehen oder der Außendarstellung. Der Vorstandsvorsitzende von BMW genießt in den Augen der Allgemeinheit unbestreitbar ein weitaus höheres Ansehen, als der Behinderte, der Bilderrahmen zusammenbaut oder als

Artur, dessen wahre Geschichte folgt. Das erste Mal taucht Artur an einem sonnigen Frühlingstag am Reiseschalter auf. Er trägt einen Irokesenschnitt, ist stark übergewichtig und spricht bereits im Wartebereich jeden freundlich und kumpelhaft an, was auf viele, wie ich registriere, befremdlich wirkt. Friedfertigkeit ist dem jungen Mann förmlich vor die Stirn geschrieben. Er möchte wissen, wie er günstig mit dem Zug nach München kommt, um dort seine geliebten Bayernstars beim Training zu beobachten. Schnell wird im folgenden Gespräch klar, dass Artur weder in der Lage ist, eine Fahrkarte zu bezahlen, noch dazu, ohne Begleitung die Reise mit mehreren Umstiegen, durchführen zu können. Stolz erzählt er mir, dass er einen Brief an Franz Beckenbauer mit der Bitte geschrieben habe, ihm ein Trikot seines Lieblingsspielers bei den Bayern zu senden. Dann fragt er, ob ich glaube, dass das klappen könnte. Ich mache ihm keine falschen Hoffnungen, was ihm aber nicht den Glauben an seine Aktion und deren Gelingen verlieren lässt. Dann verschwindet Artur für mehrere Monate. Den jungen Mann, der einige Zeit später mit einem Einkaufs - Trolley, einer Abfallzange, Arbeitshandschuhen und gepflegter Arbeitskleidung vor dem Reiseschalter steht, bringe ich nicht mehr mit Artur in Verbindung. Er hat stark abgenommen, trägt einen unauffälligen Haarschnitt, ist nicht mehr so fahrig und unkonzentriert wie bei unserer ersten Begegnung und erzählt mir, nachdem er sich zu erkennen gibt, unaufgefordert seinen Lebenslauf. Er sei im Heim aufgewachsen und irgendwann an Pflegeeltern vermittelt worden, die ihm das Leben zur Hölle machten. Im Alter von fünfzehn wird der Leidensdruck zu groß. Artur flieht vor seinen Pflegeeltern, wird wieder aufgegriffen und landet erneut im Heim. Heim und Flucht werden die nächsten Jahre die Hauptwörter seines Lebens. Artur ist psychisch krank, frisst diese

Probleme im wahrsten Sinne des Wortes in sich hinein und leidet bereits als junger Mensch, nicht zuletzt aufgrund des starken Übergewichts, unter extrem hohem Blutdruck. Als er volljährig wird, hält ihn nichts mehr im Heim. Er landet auf der Straße, verfällt zusehends dem Alkohol und endet in der geschlossenen Psychiatrie. Ein Streetworker sorgt dafür, dass er nach einer Therapie in eine Wohngemeinschaft aufgenommen wird und Regelmäßigkeit sowie gesundheitliche Fürsorge Einzug in sein Leben halten. Struktur, psychologische Begleitung, mitfühlende, engagierte Mitarbeiter, viel Nestwärme, Wertschätzung und nicht zuletzt eine hilfreiche Medikation bringen ihn zurück in die Spur, erinnert sich Artur. Nur viel schlafen könne er des Nachts immer noch nicht. Die Zeit auf der Straße, mit der Angst vor der Gefahr und das Gefühl immer auf dem Sprung sein zu müssen, raube ihm immer noch den Schlaf. Eine caritative Hilfsorganisation hat ihn unter seine Fittiche genommen. Deren Angebot richtet sich an erwachsene Personen oder Paare mit geistiger Behinderung auch in Kombination mit einem zusätzlichen Assistenzbedarf in den Bereichen Epilepsie, Autismus, psychiatrische Erkrankungen und Sucht, herausforderndes Verhalten sowie hohem sozialen Integrationsbedarf. Dort fand Artur den passenden Rahmen für eine individuelle Lebensgestaltung und die Entwicklung einer eigenen Lebensperspektive. Die kompetenten Begleiter fördern und assistieren im pflegerischen Bereich, beim Erhalt von persönlichen Fähigkeiten und der Teilhabe am gesellschaftlichen Leben. Besonders am Herz liegen der Organisation Menschen, die erstmals oder wieder Erfahrungen mit dem eigenständigen Wohnen machen möchten. Artur lebt nun in einer kleinen Wohnung und hat zusätzlich beschlossen, seinem Leben einen Sinn zu geben. Er sammelt Dosen und Flaschen. Bereits morgens um vier Uhr steht er oftmals am Bahnsteig und ruft mir zum Arbeitsbeginn ein fröhliches „Guten Morgen" entgegen. Er könne sowieso nicht schlafen, wie ich ja wüsste, und habe schon Mülltonnen, Parkplätze, Gräben, den gesamten Straßenrand bis zu seiner Wohnung und die Gebüsche von Kinderspielplätzen sowie anderen Orte, die Jugendliche als Treffpunkte nutzen, nach Flaschen und Dosen abgesucht, erklärt er stolz. Dabei trägt er dicke Lederhandschuhe, um sich nicht an den von Fixern weggeworfenen Spritzen zu verletzen und mit Krankheiten zu infizieren. Voller Freude zeigt er mir seine Ausbeute. Immer wieder lässt er sich von mir bestätigen, dass er hervorragend ausgerüstet und nach meinem Dafürhalten der Beste der vielen Flaschen- und Dosensammler in meinem Bereich ist. Das hat ihm in einem Park in der Großstadt, die er täglich mit dem Zug bereist, ein Mitarbeiter der Stadtreinigung ebenfalls bestätigt. Der Schwerbehindertenausweis, den er sein eigen nennt, ermöglicht ihm die Freifahrt in der Regionalbahn. Das Lob dieses städtischen Mitarbeiters mit Herz, welches in der Aussage gipfelte, dass Artur eine wichtige Aufgabe für die Gesellschaft erledige, lässt ihn nun, Tag für Tag seinen Radius erweiternd, bei jedem Wetter unterwegs sein. Festtage sind für ihn die Heimspiele des Fußballbundesligisten der Großstadt. Dann positioniert sich Artur am Fußweg zum Stadion und fragt die teils angetrunkenen Fans freundlich nach dem Leergut. Die meisten geben es ihm bereitwillig. An solchen Tagen macht Artur schon mal einen Zwanziger. Einen Fernseher hat er sich schon von seinem Lohn angeschafft und sogar selbst programmiert. Die Frau, die ihn einst bekomme, könne sich glücklich schätzen, einen derart auf allen Gebieten versierten Mann an ihrer Seite zu wissen, sagt Artur selbstbewusst. Nun spare er deshalb auch auf die Gebühr für eine Partnervermittlung hin. Auch heute erleidet Artur noch Rückfälle in seine manischen Depressionen und ist wochenlang verschwunden. Die Krankheit hat ihn wieder eingeholt. Doch dann eines Morgens erscheint die vertraute Gestalt mit dem Trolley lächelnd wieder auf dem Bahnsteig und Herzenskönig Artur strahlt heller als die aufgehende Sonne ...

„Carpe Diem Dirk"

Dirk ist 34 Jahre alt und leidet unter dem Down-Syndrom, wobei Leiden wohl das völlig falsche Wort ist. Doch bisher hat man noch kein besseres gefunden, welches beschreibt, dass Menschen ihr Anderssein nicht als Leiden empfinden, sondern dass wir sogenannten Normalen den sogenannten Behinderten förmlich aufoktroyieren, sie litten. Wieso maßen wir uns eigentlich an zu wissen, was nach unserem Empfinden ein Leben voller Leid ist? Tag für Tag begegne ich Dirk auf seinen Zug wartend auf dem Bahnhof. Ab und zu, wenn es die Zeit erlaubt, halten wir einen kleinen Plausch. Dirk ruht völlig in sich selbst. Fehlendes Selbstbewusstsein und er sind zwei, die nie zusammentreffen werden. Er kann keiner Fliege etwas zuleide tun, ist bauernschlau und durchtrainiert. Ehrlich bis zum Erbrechen bedeutet ja für ihn ja und nein ebenso nein. In seinem Leben gibt es keine Grauzonen. Er erzählt mir in unserem ersten Gespräch, dass er auf dem Weg zur Theaterprobe ist und rezitiert in den nächsten Minuten Shakespeare so perfekt und betont, dass mir Augen und Ohren übergehen und führt meine Vorurteile über Menschen mit geistigen Behinderungen ad absurdum. Niemals würde es mir gelingen einen derart anspruchsvollen Text auswendig zu lernen, geschweige denn, ihn so ausdrucksvoll vorzutragen. In weiteren Gesprächen erfahre ich, dass er Judo betreibt und im Besitz des schwarzen Gürtels ist. Wie schon gesagt, Dirk hat es nicht nötig zu lügen. Der Beweis sei anhand folgender Anekdote geliefert. So ganz nebenbei erzählt er, dass sein Bruder schon einmal zwecks Dreharbeiten für RTL in Marokko war. Im Übrigen habe er in dem Film auch eine Nebenrolle gespielt. Es sei ein großer Spaß gewesen. Zu diesem Zeitpunkt kannten wir uns noch nicht lange. Aufgrund Grund meiner Bekanntschaft mit anderen Menschen mit Trisomie 21 wusste ich zwar um die Individualität jedes einzelnen, kannte aber auch zum Beispiel eine Frau mit Down-Syndrom die nicht zwischen Realität und Fiktion unterschied. So fragte ich Dirk nach dem Titel des Filmes und seinem Nachnamen, um im Internet zu recherchieren, wie hoch der Wahrheitsgehalt seiner Erzählung war. Kaum hatte ich den Titel gegoogelt, erschienen die Darsteller schon auf dem Monitor und dabei handelte es sich unter vielen anderen um Dirk und seinen Bruder, ebenfalls ein Mann mit Down-Syndrom. Ich war platt und begeistert über so viel Bescheidenheit. Otto Normalbürger hätte in Zeiten der Selbstdarstellung und des Seelenstriptease wohl einen Riesenwirbel über die Mitwirkung in einem Spielfilm gemacht, doch Dirk erwähnte das mal so eben nebenbei, wie er auch so nebenbei erwähnte, er kaufe sich gleich ein neues Spiel für seine Playstation. Mehr gab es für ihn über seine Schauspielerkarriere nicht zu erzählen. Punkt. Einige Zeit später berichtete ein Arbeitskollege beim Schichtwechsel, dass sich ein Reisender über meinen behinderten Bekannten bei ihm am Fenster beschwert habe, da Dirk einige Songs seines nächsten Theaterauftritts gutgelaunt den umstehenden Mitreisenden zum Besten gab. Wie kommt es nur, das es wichtigtuerische Zeitgenossen gibt, die es nicht stört, wenn aus den Smartphones quäkende Musik oder lauthals Gespräche dröhnen, die sich aber darüber beschweren, wenn ein junger Mann, der gut singen kann, seiner Lebensfreude damit

Ausdruck verleiht? Dirk wandelt im Moment auf Freiersfüßen und hat per Internet einen Termin bei einer Partnervermittlung gebucht. An jenem Tag hat er extra früher Feierabend gemacht hat, um sich noch ein wenig zu stylen und vorher zu duschen, damit er gut riecht, erzählt er mir. Auf meine Nachfrage am nächsten Tag, wie es gelaufen sei, berichtet er völlig entspannt, dass die Mitarbeiterin keine zu ihm passende Partnerin präsentieren konnte. Dann ist das Thema erst einmal für ihn auf Eis gelegt, aber keinesfalls beendet, wie er betont. An einem heißen Sommertag höre ich unter meinem weit geöffneten Reiseschalterfenster unbeabsichtigt den Dialog zwischen Dirk und einem anderen jungen Mann namens Manuel, ebenfalls mit Down-Syndrom, zu. Manuel: „Was hast du den für einen Ziegenbart"? Dirk: „Sieht doch gut aus, oder"? Manuel: „Geht so, will ich aber nicht haben." Dirk: „Ist aber schön warm." Manuel: „Vielleicht so einen Bart unter der Nase, das würde ich machen", und zeigt mit zwei Fingern die Form des typischen Hitler-Schnäuzers an. Dirk, total entrüstet: „Manuel, spinnst du total, der Mann, der so einen Bart hatte, hat Menschen wie uns gehasst, er hat gesagt, die Menschen taugen zu nichts und müssen totgemacht werden, die sind dumm, zu nichts Nutze und die darf es nicht mehr geben und von dem den Bart willst du dir wachsen lassen, pfui!" Manuel, tief beschämt: „Mache ich doch gar nicht, war doch nicht ernst." Versöhnt trotten beide danach zu ihrem einfahrenden Zug. Blümlein Gottes hat jemand einmal die Menschen mit Down-Syndrom genannt.
Als ich Dirk eines Tages ehrlich meine Bewunderung ob seiner vielen Talente ausdrücke, antwortet er nur lapidar: „So bin ich." Im Anfang war das Wort. Und das Wort war Gott. Und Gott schuf „So bin ich". Er war ein besonders schönes Blümlein Gottes. Im Alltag verstand „So bin ich" manches nicht so schnell. Manches verstand er gar nicht. Sehr vieles aber

verstand er besser - mit dem Herz. Frohgemut stellte er sich den Aufgaben, die ihn nicht überforderten. Lobte ihn jemand, erwiderte er mit breitem Grinsen und ungeheuchelter Freude: „So bin ich." Er war langsamer in seinen Aktionen, denn seine Zeit war immer da und passte nicht in Messgeräte. „So bin ich" merkte, wenn die Menschen, die unsicher gegenüber seinem fremden Aussehen waren, ihn anstarrten. Schenkte man ihm Mitleid, verweigerte er die Annahme, denn der Sinn des Geschenks erschloss sich ihm nicht. „So bin ich" erschütterte mit seiner Ehrlichkeit und seiner Authentizität die Wertvorstellungen der Masken tragenden Gesellschaft, doch er besaß alles, was Gott den nach Wahrheit Suchenden mitgibt. Nicht erstrebenswert fand „So bin ich" Karriere, Macht, Ruhm und Reichtum. Deshalb fanden es viele Menschen unmöglich, dass Geschwister wie er „in der heutigen Zeit mit ihren Möglichkeiten" das Licht der Welt einer Leistungsgesellschaft erblickten. Doch in ihm war das Leben. Das Leben war das Licht der Menschen. Und das Licht scheint in der Finsternis und die Finsternis hat es nicht erfasst (Johannes 1, 4-5). „So bin ich" entsprach nicht der langweiligen Norm. Er war anders begabt. Vor Gerichten versuchte man gelegentlich, seinesgleichen als Schadensfall zu definieren, da der das Wachsen im Mutterleib begleitende Arzt die Besonderheit nicht erkannte und ungewollt ein Leben rettete. Durch Unfälle oder Erkrankungen fand „So bin ich" manchmal Verständnis bei „So wurde ich". Lag das Ausgrenzen von „So bin ich" daran, dass die großen „So sind sie" den kleinen „So werden sie" immer weniger das wahre Menschsein nach Gottes Plan und seiner Schrift lehren? „So bin ich" fühlte sich wertvoll, von Gott geliebt. Ohne Wenn und Aber. Eines Tages wird eine kälter werdende Welt den Namen von „So bin ich" vergessen haben. Nur in Gottes Buch des Lebens, da steht er: Unauslöschlich, **fett gedruckt**.

2008 nahm der Krebs meinem Vater, einem Kind der Kriegsgeneration, das Leben. Einem handwerklich unglaublich versierten Selbermacher der besonderen Art, fleißig, hilfsbereit, zuverlässig, arbeitsam und zielstrebig. Wie vielen aus dieser Generation fiel es ihm aber sehr schwer Gefühle auszudrücken. Selbst nie in den Genuss gekommen, Liebe als Kind oder Jugendlicher zu erfahren, konnte er, wie ich heute rückblickend erkenne, nur das weitergeben, was er anzubieten hatte. Es war seine Art, Liebe auszudrücken, wenn er etwas tun konnte, was er mit seinen Talenten und Gaben beherrschte. So baute er mir, nachdem ich ihm immer wieder von den Rückenschmerzen bei meinem damaligen Hobby, dem Rennradfahren, erzählt hatte, ein Vehikel, von dem die folgende wahre Geschichte erzählt:

Wie ich vermutlich einmal den Weltrekord im Liegeradfahren brach

Mein verstorbener Vater, seines Zeichens ein begnadeter Handwerker und Techniker der alten Schule, hatte aus drei alten Fahrrädern ein neues hergestellt. Doch nicht irgendeines sondern ein Liegerad der ganz besonderen Art. Ein absolutes Unikat. Liegefahrräder waren zu dieser Zeit die Ausnahme auf den Straßen und Fahrradwegen und wurden nur vereinzelt gesichtet. Nur an Hand eines Fahradkataloges entstand dieses weitere technische Wunderwerk von Vaters Hand. Das unglaubliche Gefährt erweckte, egal wo ich damit auftauchte, großes Aufsehen. Als Kriegskind nutzte mein Vater jedes nur erdenkliche, in vielen Jahren gesammelte Ersatzteil aus seiner umfangreichen Werkstattlagerhaltung. Design hielt er eher für überflüssig. Als Sitzfläche diente ein ausgmusterter weinroter Bürostuhl, dessen Beine er entfernt hatte. Aus drei Ketten wurde eine. Sicherheitstechnisch war das Liegerad auf aktuellstem Stand. Die Gesamtlänge belief sich auf ca. 3 Meter. Das hieß im Klartext, man musste sich schon recht genau überlegen, ob man noch schnell die Hauptstraße vor dem in weiter Entfernung auftauchenden Punkt, seines Zeichens ein vorfahrberechtigter Pkw, überquerte. Das erforderte eine gewisse zeitliche Vorausplanung. Nach der technischen Endabnahme wurde das Vehikel vom Erbauer auch noch optisch herausgeputzt. Dazu diente ihm der Rest einer Farbdose himmelblauen Inhalts aus dem Fundus des Restfarbenschrankes jener innovativen Ideenschmiede. Nun stand dieses später von allen bewunderte Gerät nutzungsbereit, himmelblau vor sich hin strahlend, mitten in der Werkstatt und wurde mir voller Stolz (und Liebe) zwecks Entlastung meines Rückens übergeben. Nach anfänglichen Koordinationsschwierigkeiten bereitete mir dieses Fahrzeug allergrößte Freude und Rückenschmerzen gehörten nach dem Radfahren der Vergangenheit an. Doch nicht nur das sitzende, rückenschonende Fahren, sondern auch die erstaunten Blicke der Menschen, an denen ich vorübersauste, bereiteten mir großes Vergnügen. Ohne Übertreibung kann ich behaupten, nur eine Harley oder ein knallroter Ferrari erregten annähernd soviel Aufsehen wie jenes Sitzfahrrad. Viele lange Radtouren wurde dieses Unikat mein treuer, zuverlässiger Begleiter. Eine Baseballkappe und eine Schutzbrille ergänzten das Equipment. Eines Tages hatte ich mir eine wunderschöne Route von ca. 30 km ausgesucht und sauste in Höhe eines Bauernhofes zwischen

Kaunitz und Hövelhof über den Radweg, als ich plötzlich ein stetiges, galoppierendes Geräusch mit einem zusätzlichen hechelnden Unterton wahrnahm. Lagerschaden, war mein erster Gedanke. Doch ich wurde eines Schlechteren belehrt. Aus den Augenwinkeln nahm ich etwas Dunkles, Bedrohliches, sich parallel zum Fahradweg Bewegendes wahr. Da ich aufgrund der Beschaffenheit meines Rades in etwa mittelgroßhundeartiger Sitzposition unterwegs war, starrte ich beim Blick nach rechts in Augenhöhe auf einen offenichtlich schlechtgelaunten schwarzen Hund, der sich mordlüstern meinen Waden näherte. Der folgende plötzliche Adrenalinschub brachte meine Muskulatur in nicht für möglich gehaltene Leistungsbereiche. Im Nachhinein betrachtet wundert es mich noch heute, welche Gedanken in diesen Momenten der größten Angst aus den dunklen Kellern des Unterbewusstseins kriechen. Denn mir fiel beim Anblick der hochgezogenen Lefzen und den gefletschten Zähnen der mich jagenden Kreatur ein, dass ich die kurze Hose, die ich trug, gestern Abend als hauptverantwortlicher Bratwürstchenumdreher beim Grillen getragen hatte. Für die schweißtreibende Tätigkeit des Liegeradfahrens war sie mir noch angemessen sauber für eine weitere Nutzung erschienen, nicht ahnend, dass der noch in der Hose hängende, verführerische Duft nach diversem tierischen Gebratenen bei einem einfach gestrickten Hofhund eine noch größere Verfolgungs- und Beißlust auslösen könnte. Bei einem letzten Blick auf die unfassbar ausgeprägte Vorderbeinmuskulatur des mich jagenden Geschöpfes , die jener eines ehemaligen österreichischen Bodybuilders und amerikanischen Gouverneurs glich, hätte ich, wenn ich es nicht besser gewusst hätte, behauptet, auch Hund gehen in die Muckibude. Wie ein Wahnsinniger trat ich in die Kette und ich möchte mir gar nicht ausmalen, wie es geendet hätte, wäre die Kette abgesprungen. Des Weiteren glaube ich seit jenem Tag, dass man Blut schwitzen kann, wenn auch die Möglichkeit besteht, dass das die Blutstropfen unter meinem Kinn vom angestrengten Beißen auf die Unterlippe stammten. Es gelang mir ungelogen, den mich ca. einen Kilometer (gefühlt zehn) begleitenden Bluthund abzuhängen. Zwischenzeitlich hatte ich das Gefühl, dass die Reifen meines Liegerades den Boden nicht mehr berührten. Vorsichtshalber behielt ich das mörderische Tempo noch einige Kilometer bei. Erst als ich am Ortseingangsschild und an einigen, ob dieses himmelblauen Gefährtes verwundert blickender Passanten von Hövelhof, vorbeiraste, verringerte ich mit einem letzten bangen Blick zurück das Tempo. Der bläulichschwarze Fleck auf der Vorderlampe, den ich einge Zeit später entdeckte und anfangs für erkaltetes, im Anbetracht des Tempos geschmolzenes Metall gehalten hatte, entpuppte sich dann aber doch nur als ein Schmierfleck. Leider ist dieses einmalige Vehikel mittlerweile dem Zahn der Zeit und dem Fehlen des schmerzlich vermissten Wartungstechnikers zum Opfer gefallen, doch jene unglaubliche Rekordfahrt wird bis zu meinem Lebensende nicht in Vergessenheit geraten.

Es war eine tropische Nacht gewesen. Einer dieser Nächte, in denen das Wälzen im Bett kein Ende nimmt. Das Wissen, dass der Wecker um 4.15 Uhr zum Frühdienst rufen würde, ließ die Aussicht auf ein wenig Schlaf nicht steigen. Müde begab ich mich auf den Weg Richtung Arbeitsplatz. Dort angekommen, bereitete ich als Verantwortlicher für die Betriebssicherheit des Bahnbetriebs auf einem begrenzten Streckenabschnitt die Technik und die Dokumente für den neuen Arbeitstag vor. Nach der Durchfahrt des ersten Zuges knackte das Funkgerät und der Lokführer teilte mir mit, das in Höhe meines Bahnhofsausfahrtsignals entweder ein Karton, oder eventuell ein Tier recht nahe am Gleis läge. Aufgrund der Geschwindigkeit habe er das nicht genau erkennen können. Ich meldete mich bei den Kollegen beider Seiten ab und machte mich zwecks Kontrolle auf den Weg. Bereits zwanzig Meter vor der beschriebenen Stelle erkannte ich deutlich die Umrisse einer menschlichen Person. Dort angekommen, registrierte ich anhand der schweren Verletzungen, dass jede Hilfe zu spät kommen würde. Nach telefonischem Notruf waren innerhalb von zehn Minuten alle Hilfskräfte, wie auch die Polizei, vor Ort. Die Beteiligten arbeiteten die Situation mit der Routine und der Akribie des tagtäglichen Vorkommens in ihrem Beruf ab. Eine junge Frau hatte sich am Vorabend zwischen die

Waggons eines mit 60 km/h durchfahrenden Zuges geworfen. Es handelte sich letztendlich um eine Beziehungsgeschichte, die diesem erst 16-jährigen Leben ein sinnloses Ende setzte. Einige Tage später stand eine tränenüberströmte Frau am Stellwerksfenster und befragte mich nach detaillierten Einzelheiten und ob mir verdächtige Dinge aufgefallen seien. Es war die Mutter der jungen Frau. Sie war der festen Überzeugung, ihre Tochter sei ermordet worden. Ich hörte zu, antwortete wahrheitsgemäß und litt stumm mit, soweit meine Arbeit es für kurze Zeit zuließ. Im Nachgang fragte ich mich damals: Welche Perspektive bieten wir als Christen unseren Mitmenschen. die uns abseits solcher Schicksalsschläge nach dem Umgang mit dem Tod fragen? Woher kommen wir, warum sind wir hier? Wohin gehen wir? Ein Antwortversuch:

Christ und Tod

Kein Thema wird im täglichen Leben in unserer Gesellschaft mehr verdrängt, als der Tod. Abgeschoben, weggesperrt, versteckt fristet er ein Randdasein und ist doch so fundamental prägend für das Leben wie nichts sonst. Er ist unser ständiger Begleiter. Ein winziger Virus führt uns die Vergänglichkeit unseres irdischen Daseins gerade anschaulich vor Augen. Der Tod ist existenziell bedrohend. Er greift unwiderruflich ein. Er beendet jede Kommunikation von jetzt auf gleich. Ist der letzte Atemzug getan, gibt es keine weitere Chance mehr, zu lieben, zu streicheln, zu verzeihen, zu fühlen, zu schmecken, zu riechen, zu sehen, umzukehren zum Herrn. Der Tod passt nicht in unsere „Fit and Fun" Gesellschaft. Wir können ihn nicht an den Internetshop zurücksenden, wenn er uns nicht gefällt. Der Tod siegt immer. Er ist eine absolute Konstante für jeden Menschen. Warum füllen viele Menschen ihr Gehirn mit Wissen aller Art über alles und jeden und lassen einen fundamentalen Aspekt wie das Ende ihrer irdischen Existenz außen vor? Der Umgang mit dem Tod wird mehr und mehr verlernt und schlägt er zu, so bleiben die meisten fassungslos, hilflos, mutlos, hoffnungslos zurück. Der Mensch ist zur Ewigkeit hin von Gott geschaffen und durch den Gott und Menschen Jesus Christus und dem Heiligen Geist sowie der Bedienungsanleitung für sein Leben, der Bibel, bestens ausgestattet, diese Ewigkeit zu erringen. Denn die Ewigkeit beginnt bereits jetzt mit dem Leben in dieser Zeit auf dieser Erde. Nur wir sind uns als Gottes Geschöpfe unseres natürlichen Todes gewiss und bewusst. Darum sollte der Tod nicht zu einem verdrängten, lähmenden, bedrohenden Schatten des Lebens werden, sondern von jedem Menschen in seinen Lebensplan integriert werden, da er unausweichlich auf ihn zukommt. Wenn ein geliebter Mensch von uns geht, so durchbricht er unser begrenztes Wissen von Zeit und Raum, denn er ist nicht mehr in dieser Welt. Wir empfinden dieses nicht mehr Vorhandensein als tieftraurig. Doch jener Mensch, so er wiedergeboren ist in Christus, hat sein Ziel erreicht. Er ist durch seinen Tod im Glauben an Jesus Christus eins mit ihm geworden. Wir als Christen wissen, dass niemand uns während unserer Erdenzeit so nahe sein kann, wie Jesus. Trost kann uns also sein, dass dieser geliebte Mensch, der nun bei Jesus ist, uns, die wir selbst Jesus folgen, dadurch so nah ist, wie nie zuvor. Wir sind nur irdisch getrennt, doch himmlisch vereint in und durch Jesus

Christus. Die Zahl unserer restlichen Herzschläge wird jede Sekunde geringer. Immer weniger Menschen erkennen, dass es für die menschliche Existenz nichts Größeres und Besseres als die Liebe gab und gibt, die in Jesus Mensch wurde. Fehlende Liebe lässt sehr viele Menschen zu Ersatzbefriedigungen wie Alkohol und anderen Drogen greifen, doch man kann gewiss sein, außer dass sie den Menschen schneller den Tod bringen, haben sie wenig Nutzen. Hängen wir darum unser Herz nicht an vermodernde Schätze oder Süchte, sondern an den Schatz der Ewigkeit. Dieser ewige Schatz ist von Gott in jedem Menschen grundgelegt, wir finden ihn nur nicht mehr hinter den alltäglichen, unwichtigen Bergen des Materialismus. Nur der Glaube an Jesus Christus macht wirklich frei. In den letzten Momenten unseres Lebens kann uns weder unser Besitz noch unser Wissen retten. Selbst die geliebte Partnerin oder der Partner kann uns nicht mehr folgen und wir stehen allein vor Gott. Wie befreiend bereits jetzt zu wissen: Von allen Verfehlungen, allen Sünden sind wir freigesprochen durch den Sühnetod des Sohnes Gottes, Jesus Christus. Christen bleiben nicht von Leid verschont. Christen bleiben nicht von Schicksalsschlägen verschont. Christen bleiben nicht von Naturkatastrophen verschont. Wäre es so, dann könnten wir nicht behaupten, vor Gott seien alle Menschen gleich. Die eigene Erfahrung lehrt aber auch, Christen sind schon gar nicht bessere Menschen als nicht glaubende. Es ist so, dass auch die begnadeten Lehrer der Christenheit keine erschöpfende Antwort auf die Frage nach dem Sinn des Leids hatten oder haben. Ohne Wenn und Aber geschieht aber in allen Grenzfällen des Lebens für den, der auf Jesus vertraut, etwas nicht zu beschreibendes Tröstliches. Wo der Mensch ohne Glauben in ein bodenloses Loch fällt, fällt der Gläubige in Gottes liebende Hände. Still, sanft, mitleidend, zuhörend, aufbauend und Neubeginn schenkend, trägt Gott durch. Auch wir Christen können keine umfassende Antwort auf die Frage nach dem Leid in der Welt geben, aber wir haben jemand, vor den wir unseren Zorn, unser Hadern, unser Zweifeln, unsere Trauer, unser Schreien, unser Klagen und unser Scheitern bringen dürfen. Das ist kein oberflächlicher Trost bei Lebensangst oder ein Märchen für Fantasten, sondern erfahrbar für jeden Menschen, der Jesus im Glauben annimmt und durch den Heiligen Geist von jenen wunderbaren Gaben erfüllt wird, die die Welt nicht geben kann. John MacArthur präsentiert in seinem Bibelkommentar folgende Erkenntnisse zum von Hiob erlebten Leid: Bei Gott im Himmel passieren Dinge, von denen die Gläubigen nichts wissen – und dennoch haben sie Auswirkung auf ihr Leben. Selbst die besten Bemühungen, die Dinge des Lebens zu erklären, können unbrauchbar sein. Auch dem Volk Gottes widerfährt Leid. Immer wieder geschehen schlechte Dinge im Leben Gläubiger, sodass niemand die Geistlichkeit einer Person auf Grund ihrer schmerzhaften Umstände oder ihre Erfolge beurteilen kann. Auch wenn Gott weit weg zu sein scheint, ist das Festhalten am Glauben edelste Tugend, da Gott gut ist und man sein Leben getrost seinen Händen überlassen kann. Inmitten des Leids sollte der Gläubige Gott nicht verlassen, sondern sich ihm nahen, sodass aus der Gemeinschaft mit ihm Trost erwächst, auch ohne eine Erklärung zu haben. Leid kann sehr stark sein, aber das der Gerechten findet ein Ende und Gott wird reichlich segnen (John Mac Arthur Studienbibel 2002 CLV). Ein gelingendes Leben mit den Früchten des Geistes, welche da sind Liebe, Freude, Friede, Langmut, Freundlichkeit, Güte, Treue, Sanftmut und Selbstbeherrschung erfahren die, die zu Christus Jesus gehören. Er allein ist der Weg, die Wahrheit und das Leben, wie er selbst sagt. Das ist das Einzige, was die kälter

werdende Menschheit braucht. Noch heute kannst du den Neu-
beginn mit Jesus wagen, denn die Sanduhr läuft und niemand
außer Gott weiß, wie viel Sandkörnchen sie enthält.

Jeder menschliche Ansatz das Leid zu erklären führt zu unüber-brückbaren Widersprüchen. Mit-leiden, mittragen, schweigen, im-mer mit der Hilfe Gottes, ist die einzige Alternative für Menschen.

ISNAH EGGIW

Märchenhaftes

Hope

Herbstsonne vergoldete die sterbende Natur.
Lange Schatten am Abend ließen die Haare an den Armen der Menschen sich himmelwärts recken. Die Tage verloren den Kampf um die Stunden gegen die Nacht. Der Abschied von der lärmenden Wärme des Sommers stand bevor. Die Seelen schauten in den Spiegel des vergehenden Jahres. Am Rande eines abgeernteten Feldes, welches den Duft der Erinnerung an die Kindheit verströmte, ereignete sich eine wahrhaft wundersame Begebenheit, von der hier erzählt sein soll. Neben den Ruinen eines alten, verfallenen Bauernhofes, dessen Bewohner vor vielen Jahren die Bewirtschaftung aufgegeben hatten, stand eine arg ramponierte, vom Zahn der Zeit angenagte Vogelscheuche. Jahrein, jahraus fristete sie ein kümmerliches Dasein, denn schon seit Jahren gab es rund um sie herum nichts schützenswertes Angepflanztes mehr. Ohne Sinn erschien der Vogelscheuche ihre Existenz und die einzige Abwechslung bot ab und zu ein hungriger Fuchs, der an ihr schnüffelte. Manchmal ließ sich ein Vogel auf ihr nieder und führte ihr so vor Augen, dass sie jeden Schrecken verloren hatte. Was konnte es schlimmeres für eine Vogelscheuche geben? In jenem Herbst aber sollte sich ein Wunder ereignen, für das die Vorsehung jene zerlumpte Kreatur vorherbestimmt hatte. Als die sternenklare Nacht hereingebrochen war, die zudem vom Vollmond fast zum Tag gemacht wurde, hörte die Vogelscheuche plötzlich Töne, als würden kleine Glöckchen aneinander schlagen. „Hallo", rief sie mit von den vielen Jahren eingerosteter Stimme, „wer ist da"? Ein winziges fliegendes Wesen brach

durch ein in der Nähe stehendes Dickicht. Es trug ein in allen Regenbogenfarben schimmerndes Kleid und bewegte sich im Takt zu den Klängen, gaukelnd und schaukelnd wie ein Schmetterling, auf den Strohmann zu. „Warst du es, der mich rief "? fragte es und ließ mit einer Handbewegung einen kleinen Sternenregen entstehen, ohne die Antwort abzuwarten. „Was bist du für ein eigenartiges, zerzaustes Wesen und wie heißt du"? „Ich bin eine Vogelscheuche und die wenigen Tiere, die sich manchmal hierher verirren, nennen mich ob meines wenig gesellschaftsfähigen Aussehens Lumpenmann", antwortete der Strohkamerad. Daraufhin brach das Wesen in ein nicht enden wollendes Gelächter aus. „Was für ein alberner Name", prustete es, „doch so wie du aussiehst, wohl passend." Die Vogelscheuche, der es gar nicht gefiel in ihrem ersten Gespräch nach Jahren derartig verspottet zu werden fragte griesgrämig: „Und was bist du für ein Insekt"? Das Wesen erwiderte: „Ich bin ein Engel und habe den Auftrag jemand zu suchen, der ein wenig Licht in eine dunkler werdende Zeit bringt." Voller Misstrauen lachte der Lumpenmann und die mittlerweile spröde gewordenen Strohhalme links und rechts der Mundwinkel sprangen dabei von seinen Wangen. „Du bist ein Engel, dass finde ich ja zum Schießen." Da sprach der Engel: „Lass uns nicht gleich in den ersten Augenblicken unserer Bekanntschaft vom Schießen reden, denn dadurch kam genug Elend in die Welt." „Nun", sprach die Vogelscheuche daraufhin voller Dankbarkeit für die Abwechslung und schon milder gestimmt, „was ist euer Begehr, kleiner Engel"? Mit feierlicher Stimme sprach der Himmelsbote: „Du bist zu etwas ganz Besonderem auserwählt. Dem ersten Wesen, welchem ich begegne, das menschliche Züge an sich hat, darf ich einen Wunsch erfüllen und eine Hoffnungsuhr schenken. Aber bitte wünsche dir nicht etwas nach Menschenart, du weißt schon was ich meine. Einen Sack voll Geld der nie leer wird, oder ewige Jugend, oder Schönheit, kurz, all jene überflüssigen Dinge, die nicht glücklich machen, weil zu viel für die Menschen sowieso nie genug ist. Auch für ewiges Leben kann ich nicht sorgen, das schenkt nur der, der mich sandte." „Was ist denn eine Hoffnungsuhr"? fragte die Vogelscheuche. „Eine Uhr, welche die Menschen Smartwatch nennen. Eigentlich tragen sie diese Uhr von morgens bis abends um Nachrichten zu empfangen oder mit anderen Menschen zu kommunizieren. Deine Hoffnungsuhr aber verwandelt auf wundersame Weise Wörter und Menschen und lässt so beide zum Segen für die Nächsten werden", antwortete der Engel und holte aus einer der Taschen seines Regenbogenkleides die angekündigte Uhr heraus. Dann sprach er: „Also, wie lautet dein Wunsch"? „Fort von diesem Fleck. Ein Mensch möchte ich sein, aus echtem Fleisch und Blut, der von einem Ort zum anderen wechseln kann. Ich bin das Alleinsein satt und sehne mich nach Gesellschaft." Der Engel antwortete: „Dein Wunsch sei mir Befehl. Doch nicht mehr Lumpenmann sollst du heißen, sondern Hope, denn Hoffnung sollst du einigen Menschen bringen. Auf den ersten Blick scheint das nur ein Tropfen auf den heißen Stein zu sein, doch viele wie dich soll ich suchen und viele dieser Hoffnungsuhren verteilen, das ist mein Auftrag und so geschehe es!" Im nächsten Augenblick verwandelte sich die unansehnliche Vogelscheuche in einen gut gekleideten Menschen aus Fleisch und Blut. „Aber hat sich denn in allen Jahren, die ich einsam hier gestanden habe in der Welt nichts zum Besseren gewendet"? fragte er den Engel. „Im Gegenteil", antwortete dieser, „die Menschen sind zu Betäubern geworden. Ihre Suche nach dem einzig wahren, der Liebe, hat sie zu vielerlei Süchten ohne Befriedigung getrieben. Die einen kaufen und kaufen. Andere betäuben sich durch Flucht in die Arbeit, Tag und Nacht, ohne Pause, bis zur Erschöpfung, aber ohne Befriedigung. Viele

Menschen sind alkoholabhängig, leben ihr Leben nur noch mit Beruhigungsmitteln oder Drogen anderer Art. Wieder andere machen Geld zu ihrem Gott oder den Sport. Doch allen diesen Menschen ist eines gemeinsam: Hinter ihren Immer-mehr-Bergen befindet sich ein tiefes Sinnlosigkeitstal. Sei du ein Botschafter der Nächstenliebe, entzünde ein Licht in der Dunkelheit und mache aus dem „mehr für mich" ein „genug für alle" auf der Erde. Nur ein gebendes Herz wird ein zufriedenes Herz werden. Doch nun will ich dich an den ersten für dich ausgewählten Ort bringen und falls du deinen Auftrag erfüllst und einigen Menschen Hoffnung und Zuversicht bringst, sollst du einen Lohn bekommen, der seinesgleichen sucht." Wie von Zauberhand befand sich Hope im nächsten Augenblick in einer ihm unbekannten Stadt, die im krassen Widerspruch zu seinem bisherigen Aufenthaltsort stand. Als sich seine Augen an die Dunkelheit gewöhnt hatten, erblickte er einige notdürftig aus Kartons zusammenschusterte Unterkünfte. Es roch nach Schweiß, Dreck und süßlicher Duft von Chemikalien hing in der Luft. Ein kleiner Junge näherte sich Hope. Die Haare verfilzt, das Gesicht eine einzige Dreckschicht, ein knochendürrer Körper in einem viel zu großen Männermantel, dessen zerschlissener Saum über den verschmutzten Asphalt schleifte. Sieben Jahre mochte er vielleicht sein. Neugierig folgten ihm bald noch mehr dieser traurigen Gestalten. Lallend, mit glasigen Augen, unterhielten sie sich in der Sprache der Straße. Aus ihren weiten Jacken holten sie Dosen oder Tüten hervor, hielten die Öffnung an den Mund und atmeten ganz tief ein. Das Schnüffeln von Leim, Klebstoff und Benzin ersetzte ihnen die Wärme und Liebe, die eigentlich alle Kinder dieser Welt erfahren sollten. Doch dieser Ersatz war trügerisch und brachte den Tod. Überall entdeckte Hope nun in den Winkeln Kinder unter Pappkartons, eng aneinander gekuschelt auf dem Boden, mit Zeitungen und Lumpen

179

zugedeckt. Ihre kleinen Körper wärmten sie sich gegenseitig oder Seite an Seite mit struppigen Straßenkötern. Der kleine Junge, den Hope als erstes gesehen hatte schaute ihn mit großen traurigen Augen an, in denen zu lesen war: Warum dürfen wir nicht wie Kinder leben und wie kann die Welt mit ansehen wie wir leiden. Plötzlich spürte Hope, wie die Uhr an seinem Handgelenk vibrierte und hell das Wort „leiden" auf dem Display leuchtete. Das e und das n sanken zum unteren Rand des Displays der Uhr und das Wort „Leid" verwandelte sich in „Lied". Die Buchstaben verschmolzen zu einem goldenen Herz und Hope beobachtete verblüfft, wie das Wort davonschwebte. Zur gleichen Zeit machte sich der wohl berühmteste Sänger jenes Landes auf den Weg zu einer großen Gala anlässlich des Weltwirtschaftsgipfels. Man hatte die Straßen, auf denen die Teilnehmer zum Tagungsort fuhren, schon seit Wochen von den Straßenkindern gesäubert. Die Polizei hatte die Gamines, die „Ratten", wie die kriminellen Kinder, die von Abfällen lebten, stahlen, Drogen nahmen, raubten und selbst vor Mord nicht zurückschreckten, genannt wurden, in die Außenbezirke gebracht, gut abgeschottet vor den vielen Kameras der Fernsehgesellschaften aus aller Welt. Dieser Sänger sollte die illustren Gäste der Eröffnungsveranstaltung des Weltwirtschaftsgipfels mit Herz und Schmerz, bei Lachs und Kaviar, auf Weltbewegendes einstimmen. Kurz bevor er auftrat schwebte das goldene Herz von Hope's Uhr, ähnlich einer kleinen Sonne, direkt auf das Herz des Tenors zu und löste sich auf. Nie mehr vorher oder nachher hörte man eine Stimme mit so viel Inbrunst und Wärme. Nie mehr vorher oder nachher wurde in einem Lied derart eindringlich und direkt auf das Leiden der Straßenkinder hingewiesen. Der Auftritt des Superstars wurde zu einer Klage über das Unrecht der gestohlenen Kindheit und zu einem flammenden Plädoyer für die Schwächsten Glieder einer Ellbogen-gesellschaft, den Kindern, das dem Weltwirtschaftsgipfel eine völlig andere Richtung gab. Doch Hope erfuhr nicht viel davon, denn in dem Moment, in dem sich das goldene Herz geformt hatte, war er bereits an den nächsten Ort seiner Mission gebracht worden. Er befand sich urplötzlich in einem großen, tristen, grauen Raum voller alter Menschen. Trotz der vielen Personen im Raum herrschte eine körperlich spürbare Atmosphäre der Einsamkeit. Einige der Alten wippten ununterbrochen in ihren Stühlen oder Rollstühlen hin und her, einige starrten unentwegt auf einen Punkt an der Wand, einige schliefen mit weit offenem Mund. Unangerührtes Essen stand auf den Tischen, daneben kleine Plastikbecher mit bunten Pillen. Selbstgespräche führend wanderte eine grauhaarige Dame umher, eine andere alte Frau weinte unaufhörlich. Weit und breit niemand zu sehen, der die hilflosen Alten unterstützte. Als nach einer ewig währenden Zeit eine Pflegerin den Raum betrat konnte Hope nicht an sich halten und fragte: „Wer ist für diese unglaublichen Zustände verantwortlich und warum unternimmt niemand etwas dagegen"? Mit müdem Blick entgegnete die Angesprochene: „Kein Geld für unproduktive Menschen, kein Ohr zum Zuhören für die Geschichten der Alten, keine Zeit für Zärtlichkeit, kein Platz für Menschlichkeit. Sie sehen doch selbst, eine Pflegerin für fünfzehn Hilfsbedürftige. Mir bleibt nur, sie mit Medikamenten ruhig zu stellen. Manchmal kommt mir auch der Gedanke, komm, fliehe vor diesem Elend." In seiner schwarzen Luxuslimousine rauchte unterdessen der Gesundheitsminister jenes Landes, genüsslich in die bequemen Polster zurückgelehnt, eine kubanische Zigarre. Fast lautlos glitt die Luxuskarosse auf dem Weg zur Haushaltsdebatte für das neue Jahr dahin. In dem Altenheim begann die Uhr an Hope´s Handgelenk zu vibrieren und das letzte Wort der Pflegerin „fliehe" leuchtete auf dem Display auf. Dann verwandelte es sich durch das Umstellen der Buchstaben in das Wort „Hilfe". Das übrig gebliebene e sank wiederum an den unteren Rand des Displays der Hoffnungsuhr. Nun wurde auch aus dem Wort „Hilfe" ein kleines goldenes Herz, welche den Minister in dessen Herz traf, indem sofort der Samen der Nächstenliebe aufging. Die Haushaltsdebatte nahm eine völlig ungeahnte Richtung und der Mund des Ministers fand flammende Worte für die soziale Gerechtigkeit bei der Verteilung der Mittel für das folgende Jahr, doch das bekam Hope schon nicht mehr mit, denn weiter ging seine Reise durch Raum und Zeit. Ein dünnes Rinnsal von Fäkalien umspülte die Turnschuhe von Hope. Ein röchelnder Laut ließ ihn sich umdrehen. Unbeachtet von den Vorbeihastenden lag am Straßenrand ein alter Mann, von Parasiten befallen, mit offenen, eiternden Wunden übersät. Niemand kümmerte es, niemand hielt es für nötig auch nur eine Hand zur Hilfe auszustrecken. Da arbeitete sich durch die wuselnde Menschenschar eine alte Frau im Sari mit einer jungen Helferin zu dem Sterbenden auf der Straße vor. Sie schoben eine Handkarre vor sich her, auf den sie den bedauernswerten Alten mit Hope´s Hilfe legten. „Wo bringt ihr ihn hin"? fragte Hope. „Wir bringen ihn an einen Ort, an dem er in Würde und Geborgenheit sterben kann. Unser bescheidenes Quartier ist zwar völlig überfüllt, aber niemand wird im Rinnstein liegengelassen oder abgewiesen, das gilt für alt wie jung. Zumindest auf ihrem letzten Weg sollen die Unerwünschten das Gefühl haben geliebt zu werden, denn für viele dieser Ärmsten der Armen war der Himmel nicht einen Tag in ihrem Leben blau. Im nächsten Moment erwachte Hope´s Hoffnungsuhr zum Leben und aus dem Wort „Blau" machte sie das Wort „Bau". Auch diesmal sank das überflüssige l zum Rand des Displays. Erneut verschmolz das Wort zu einem goldenen Herz.

Ein steinreicher Großgrundbesitzer, Inhaber unzähliger Immobilien, wurde von dem schwebenden Herz in das eigene Herz getroffen, als er sich gerade mit seinem Steuerberater darüber beriet, aus Abschreibungsgründen einen großen Bürokomplex leer stehen zu lassen. An jenem Tag wunderte sich eine alte Frau, als ein in feinstes Tuch gekleideter Geschäftsmann ihr einen riesigen Gebäudekomplex, mitten in der City, für ihre Sterbenden schenkte – Von Hope allerdings war schon seit geraumer Zeit nichts mehr zu sehen. Er befand sich in einer völlig zerstörten Stadt. Kein Stein lag auf dem anderen mehr. Wohin man sah, Leichen. Ratten, Krähen und andere Aasfresser hatten die Herrschaft über jenen Ort übernommen. Verwüstung, Trümmer und Rauch beherrschten das Bild. Zwei benachbarte Länder hatten sich im Erfinden von „Wehrtechnik" übertroffen und die jeweils neuesten Tötungsmaschinen je dem anderen Land verkauft. Die Wirtschaft boomte. Die Bevölkerungen waren zwar arm, doch Stolz darauf Atommächte zu sein. Warum es irgendwann zwischen den Ländern zum Eklat kam, wusste so recht niemand mehr. War es der Landbesitz, die Religion, die Volksgruppenzugehörigkeit gewesen? Ging es um Intoleranz, Neid, Ehre, Stolz und Egoismus? Nichts destotrotz hatte man die Zeit für reif befunden, die Wehrtechnik anzuwenden. Keines der Länder hatte sich getraut die Atomwaffen einzusetzen, doch auch das restliche Kriegsgerät hatte seine Arbeit perfekt erledigt. Hope näherte sich einem Lager aus notdürftig zusammengestellten Trümmern aus Kartons und Brettern. Ausgemergelte Frauen und Kinder empfingen ihn: „Viel Luxus können wir dir nicht bieten, aber falls du nicht weißt wohin, so finden wir auch für dich noch eine Bleibe", sprach die offensichtliche Wortführerin der Gestrandeten. Schon regte sich die Hoffnungsuhr wieder, formte aus dem Wort „Bleibe" das Wort

„Liebe" und ließ das restliche b zum Displayrand sinken. Diesmal trafen die Herzen aus Gold die Herzen der beiden Militärmachthaber, die mit ihren Beratern den letzten vernichtenden Schlag vorbereiteten. Hope war bereits wieder verschwunden, als Soldaten beider Länder gemeinsam den Schutt wegräumten, die Toten beerdigten, Mauern einrissen und ihre Kriegsgeräte umfunktionierten, um ein neues friedliches Zeitalter einzuläuten. Als Hope auf seinem alten Feld erwachte, glaubte er für einen Moment, er habe dieses alles nur geträumt, doch die Uhr an seinem Armgelenk belehrte ihn eines Besseren. Voller Entsetzen bemerkte er, dass er sich in eine Vogelscheuche zurückverwandelte. Seine Beine wurden bereits hölzern starr, sein Haar strohig und seine Seele aufs Tiefste betrübt. „Engel", rief er verzweifelt, „wo bleibt mein versprochener Lohn"? Wie aus dem Nichts schwebte dieser plötzlich über ihm: „Mit Bravour hast du deinen Auftrag erledigt, natürlich halte ich mein Versprechen," entgegnete er, „ doch viele warten auf mich und ihren Lohn, entschuldige die Verspätung." Mit diesen Worten strich der Engel über die Uhr an Hope´s Arm und die sich am unteren Rand des Displays befindenden Buchstaben E,N,E,B,L, blinkten in rot und wandelten sich in das Wort LEBEN", welches zu einem goldenen Herz verschmolz und Hope mitten in sein Herz traf. Sein kümmerliches Dasein als Vogelscheuche war beendet. Leben war sein Lohn und welches Geschenk kann größer sein? Begegnest du in diesen Tagen einmal einem Menschen und befällt dich das Gefühl ein Engel sei in der Nähe, so sei gewiss: Es gibt sie! Die Engel!

MAKE BORSCHT, NOT WAR
Plakat gegen den Krieg in der Ukraine

Wasser des Lebens

(1. Platz Märchenwettbewerb des Märchenmuseums Bad Oeynhausen)

Vor langer Zeit lebte ein Bauer mit dem verheißungsvollen Namen Gottfried. Er besaß riesige Ländereien, seine Äcker waren fruchtbar, die Zahl seiner Tiere nahm täglich zu. Er hätte ein zufriedenes, erfülltes Leben führen können, doch das Gegenteil war der Fall. Er war ein mürrischer, unzufriedener, verbitterter Mann, der seinem Namen keine Ehre machte. Weder mit Gott noch mit den Menschen hatte er seinen Frieden gefunden. Hier ist die Geschichte eines Wunders, wie es auch heute ab und zu noch geschieht. Aber wer hat noch Zeit für Wunder? Für die Bewirtschaftung seiner Äcker und der Pflege des Viehs hatte Gottfried einige Knechte und Mägde aus dem Dorf angestellt, denen er ein wahrer Tyrann war. Es herrschte eine bittere Armut in jenen Tagen und wer im Lohn stand, war selbst über den kargen Betrag froh, den ein Mann wie Gottfried zahlte, denn viele Münder warteten in den armseligen Hütten darauf gefüllt zu werden, was in den seltensten Fällen gelang. Die Seele des Bauern Gottfried war so von Dunkelheit umhüllt, dass selbst die Tiere verstummten, wenn er den Stall betrat, die Nacht in seiner Gegenwart dunkler wurde und ein Feuer im Kamin bei seinem Eintritt nicht mehr so zu wärmen vermochte, wie vorher. Es gab eigentlich nur eines, was dem Bauern ein wenig Freude und Genugtuung bereitete. Ein Sack mit Goldstücken, den er auf Kosten seiner Knechte und Mägde über viele Jahre mehr und mehr gefüllt hatte. Sorgsam zählte er Abend für Abend die neu hinzugekommenen Stücke und legte den Sack unter die Matratze seines Bettes, denn er traute niemand als sich selbst. Sein Reichtum war mittlerweile so angewachsen, dass es ihm

Mühe bereitete zur Schlafenszeit sein Bett zu erklimmen. Der Sack mit Gold wuchs und wuchs und der Bauer kam der Schlafzimmerdecke immer näher. Natürlich ist solch ein Schlaflager hart und unbequem, was wiederum ein Beweis dafür ist, dass Geld und viel Besitz allein noch nicht glücklich machen oder in Ruhe schlafen lassen. Jeden Morgen erwachte Gottfried griesgrämig, gerädert und mürrisch, doch niemals hätte er ohne den Goldsack unter sich geschlafen. Eines Abends, als er gerade mit blutendem Herzen und bösen Worten seinen Mägden und Knechten ihren kargen Lohn ausgezahlt hatte, klopfte es zaghaft an die Tür. Erstaunt hielt der Bauer mit dem Zählen der Goldstücke inne und wunderte sich, denn seit Jahren hatte ihn niemand mehr besucht. Sollte etwa einer seiner Untergebenen die Dreistigkeit besitzen, ihn um mehr Lohn anzubetteln? Nun, dem würde er zeigen, was es hieße, ihn bei seiner Lieblingsbeschäftigung zu stören. Misstrauisch ergriff er einen neben dem Kamin stehenden Eichenholzknüppel und öffnete einen spaltweit die Tür. Es war Herbst. Die bereits kahlen Bäume kündigten Frost, Eis und baldigen Schnee an. Es pfiff ein bitterkalter Wind. Ein unbekannter Mann stand vor der Tür. Er war in Lumpen gekleidet und sprach: „Bauer Gottfried, seid so gut, gebt mir eine Scheibe Brot, um meinen Hunger zu stillen, ein Glas Wasser gegen meinen Durst und ein Quartier für die Nacht in eurer Scheune, habt Mitleid mit jemandem, der sein Haupt nirgendwo betten kann." Darauf entgegnete der Bauer: „Ich will euch lehren, rechtschaffene Leute bei ihrer wohlverdienten Abendruhe zu stören. Fort von meiner Tür und meinem Grund und Boden, sonst werdet ihr Bekanntschaft mit diesem Knüppel machen. Woher kennst du überhaupt meinen Namen?" „Gottfried, Gottfried", seufzte der Bettler, „wie hart ist dein Herz, möge der Segen des Vaters, des Sohnes und des Geistes deine Seele irgendwann befreien und dein Herz mit

Nächstenliebe füllen." Im nächsten Augenblick war der Mann wie von Zauberhand verschwunden. „Vater, Sohn, Geist, du Nichtsnutz", schrie Gottfried in den Wind, „lass dich hier nie mehr blicken." Dann begab er sich in die Stube zurück und begann erneut mit dem Zählen der Goldstücke. Dabei gingen seine Gedanken auf Wanderschaft. Er hatte einst als Kind von diesem Christus gehört, diesem Rattenfänger, den Kleingeister und Angsthasen brauchten, um durch schwere Zeiten zu gehen. Das war etwas für das arme Volk, aber nicht für einen schlauen, reichen Menschen wie ihn. Und dann gleich drei, Vater, Sohn, Geist, pah, wer war denn nun der große Glücksbringer der drei. Grummelnd versteckte er den gefüllten, prallen Sack unter seiner Matratze und legte sich zu seiner unbequemen Nachtruhe ... Eines Tages hatte sich der König des Landes bei seinem Ausritt in die Wälder verirrt und die einbrechende Dunkelheit nahm ihm jede Hoffnung an jenem Tag noch zum Schloss zurückzufinden. Der König war ein harter, aber gerechter Mann. Da erspähte er den Hof des Bauern Gottfried. Freude ergriff ihn, denn er dachte: „Hier werde ich eine warme Mahlzeit und einen Platz für die Nacht finden, morgen wird der Bauer mir den Rückweg zum Schloss erklären, es soll nicht zu seinem Schaden sein." Hoffnungsfroh klopfte er an. Gottfried aber erwartete vor der Tür den Störenfried des Vorabends zu finden, ergriff seinen Knüppel, öffnete zornig die Tür und rief: „Du hast es nicht anders gewollt, wer nicht hören will, muss fühlen", um dann erstaunt den zurückweichenden späten Gast zu mustern. „Was wollt ihr"? kam es barsch aus seinem Mund. „Gemach, nur mit der Ruhe", entgegnete der König, „ich habe mich im Wald verirrt und suche eine warme Mahlzeit und ein Quartier für die Nacht, ich will euch reichlich dafür belohnen." Gottfried, der niemandem traute, und den beim Anblick der edelsteinbesetzten Kleidung des Königs blanker Neid erfasste, sprach darauf: „Nichts da, daraus wird nichts, hier ist kein Platz für euch und dem Knüppel ist es egal, auf wessen Kopf er tanzen darf. Macht euch von dannen, schlaft im Wald, edler Herr und esst von euren Edelsteinen." Mit diesen Worten schlug er die Tür zu. Zornig ritt der König fort, um ein gastfreundlicheres Anwesen zu suchen, dabei begegnete ihm eine Schar fackeltragender Reiter, die sich beim Näherkommen als seine Diener auf der Suche nach ihm entpuppten. Gemeinsam ritten sie zum Schloss zurück, in das er erst tief in der Nacht zurückkehrte. Des Königs Wut aber über die dreiste Behandlung und die Hartherzigkeit des Bauern war so groß, dass er sich am nächsten Tag mit einigen Rittern auf den Weg machte, um sich Gottfried vorzuknöpfen. Als dieser erfuhr, wen er am Vorabend an der Tür abgewiesen hatte, bekam er das erste Mal in seinem Leben große Angst. Der König befahl, das Haus nach Wertgegenständen zu durchsuchen, um den Bauern mit einer angemessenen Strafe zu belegen. Schon bald hatten die Ritter den gewaltigen Goldvorrat unter der Matratze gefunden. „Auf Gold schläfst du und hast nicht einmal eine Mahlzeit und ein Quartier für deinen König? Ich werde dir beibringen, was es heißt, einen ausgehungerten Verirrten dem Tod auszusetzen. Doch um nicht genauso herzlos zu sein wie du, will ich dir zwei Chancen geben dein Leben zu retten. Nimm deinen Sack mit Gold und flüchte, wir geben dir eine Stunde Vorsprung. Und sollten wir dich bis zur siebten Abendstunde nicht gefunden haben, hast du deine erste Chance genutzt", sprach der König, wohlwissend, dass der Bauer zu Fuß kaum eine Chance gegen die Ritter hatte. Nun war dieser König aber weit und breit für seine Güte und Milde bekannt. Letztendlich wollte er dem Bauern nur einen Riesenschreck einjagen und ihm eine Lehre erteilen. Gottfried aber, machte sich verzweifelt auf den Weg. Er glaubte, sein letztes Stündlein habe geschlagen. Ihm war bewusst, dass der König Rache wollte und er gegen dessen berittene Schergen, die die Gegend wie ihre Hosentasche kannten, verloren war. Mühsam schleppte er sich voran und wie er sich auch quälte, er kam kaum weiter. Niemals aber hätte er sich von seinem Goldsack getrennt. In seiner Not wusste er weder ein noch aus. Da hatte er plötzlich das Bild des Bettlers vor den Augen, der ihn vor zwei Tagen aufgesucht hatte mit dem Gerede über Vater, Sohn und Geist. „Nun, Vater, beweise mir deine Macht, und dass es sich lohnt, dich um Hilfe zu bitten, befreie mich aus dieser Notlage", sprach er. Von weit her, aber rasch näherkommend, war bereits deutlich Hufgetrappel zu vernehmen. Da zog dichter Nebel auf, und innerhalb weniger Sekunden war die Hand vor Augen nicht mehr zu erkennen. Der Bauer verkroch sich schnell mitsamt dem Goldsack in einem Hohlraum eines umgestürzten Baumes und den herumirrenden Rittern gelang es nicht, Gottfried bis zur siebten Stunde zu finden. Triumphierend machte sich Gottfried auf den Weg zurück zu seinem Hof. „Na, Vater", rief er, „ich brauche dich nicht, denn das Glück ist mit den Tüchtigen." „Ich sehe, du hast deine erste Chance, wenn auch ohne dein Zutun, genutzt", sprach der König nach der Rückkehr des Bauern. „Hier ist nun deine zweite Aufgabe. Schau auf diese Weide." Er wies auf ein riesiges Stück Grünland. „Egal, wie du es anstellst, bis zum Sonnenaufgang möchte ich nicht einen Grashalm mehr auf dieser Wiese sehen." Mit diesen Worten drückte er dem Bauern einen Spaten in die Hand. Alsbald wurde Gottfried die Unmöglichkeit bewusst, diese riesige Fläche umzugraben, oder auf andere Art und Weise das Gras verschwinden zu lassen. Der König hatte ihm eine tödliche Falle gestellt. Gottfried besaß keine Freunde, die ihm etwa helfen konnten, und zum ersten Mal wurde ihm deutlich klar, wie einsam er trotz seines Reichtums war. „Was nützt mir all´ mein

Gold, wenn ich morgen früh sterben muss"? dachte er. Die Stunden verrannen, der Sonnenaufgang rückte näher. Wieder fiel dem Bauern kurz vor Ablauf der Galgenfrist der Bettler ein, der ihn um Hilfe gebeten hatte. „Beim Vater hat es nicht geholfen, vielleicht wirkt es beim Sohn, ihn um Hilfe zu bitten", dachte der Bauer, der den aufziehenden Nebel bei seiner ersten Prüfung immer noch für eine Laune der Natur hielt. „Also, Sohn, beweise mir deine Stärke, hilf mir. Sollte ich mein Leben behalte, so will ich die Hälfte meines Besitzes den Armen geben", sprach er kurz bevor die ersten Sonnenstrahlen über den Horizont spähten. In der Ferne war schon der Tross des Königs zu erkennen. Trotzdem der Himmel sternenklar und keine Wolke weit und breit am Himmel zu sehen war, fing es langsam an zu schneien. Als der König den Bauern erreichte, war die Erde mit einer dichten Schneedecke überzogen, und der Hochmut des Bauern kehrte weitaus schneller zurück, als er gegangen war. Lachend rief Gottfried: „Ihr seht es König, es ist nicht ein Grashalm zu entdecken. Lasst mich nun in Frieden und gesteht eure Niederlage ein." Der König, als ein Mann, der zu seinem Wort stand zog mit seinen Mannen unverrichteter Dinge grimmig ab. „Na, Vater und Sohn, ich brauche euch nicht", rief der Bauer, „die Natur hat mir geholfen", denn er glaubte immer noch an einen Zufall. Frohen Mutes zog er wieder in seine Stube ein. Am Abend klopfte es erneut an seine Tür. Als er öffnete, stand dort der Bettler, der ihn trotz der schlechten Behandlung gesegnet hatte. Bevor der Bauer ihn abweisen konnte sagte er: „Ich komme, um dich an dein Versprechen zu erinnern, mit den Armen zu teilen." Gottfried schlug ihm die Tür vor der Nase zu. Da rief der seltsame Besucher: „Du Narr, löse dein Versprechen ein, sonst holt dich der Tod noch vor dem Morgengrauen." Dann herrschte gespenstische Ruhe. Der Bauer geriet ins Grübeln. Woher wusste der Bettler von seinem in Gedanken gemachten Versprechen? Wer gab ihm die Macht mit dem Tod zu drohen? Was waren das für eigenartige Wunden an seinen Händen gewesen? Angst und eine instinktive Gewissheit, dass der Bettler die Wahrheit gesagt hatte, zogen in das Herz des Bauern ein. „Auch die Hälfte meines Besitzes ist mehr als genug für mich", dachte er und um sein Leben zu retten, nahm er den halben Teil seines Goldvorrates und viele Speisen aus seinen prallgefüllten Kammern und lud alles auf einen großen Handwagen. Dann machte er sich auf den Weg ins Dorf. Dabei hatte er jedoch nicht bedacht, dass seine Route über den Fluss führte, der sein Anwesen vom Dorf trennte. Es gab auch keine Brücke auf die andere Seite. Nun stand der Bauer verzweifelt am Ufer, denn das Floß, mit dem seine Mägde und Knechte ihn tagtäglich zum Arbeiten erreichten, lag auf der anderen Seite des Flusses. Er rief und brüllte sich die Seele aus dem Leib, doch niemand hörte ihn, denn es war Heiligabend und die Menschen befanden sich in der Kirche, um die Geburt des Heilands zu feiern. Erschöpft sank Gottfried nieder. Hier und dort drang ein Lichtstrahl aus den entfernt zu erkennenden armseligen Hütten, deren Bewohner durch die feierliche Atmosphäre des Heiligen Abend ein wenig von ihrem Elend abgelenkt wurden. Nie gekanntes Mitleid ergriff bei diesem Anblick den Bauern und er dachte: „Wie konnte dies nur alles an meinem Herzen vorübergehen? Geist, du dritter des Segens des Bettlers, wenn es dich gibt, so hilf mir", bat Gottfried. Ein eisiger Hauch durchzog plötzlich die Luft und innerhalb kürzester Zeit war der Fluss so zugefroren, dass das Eis den Bauern und dessen Wagen trug. Voller Verwunderung zog Gottfried mit dem schweren Gefährt los und bemerkte auf einmal den Bettler an seiner Seite, der ihn beim Ziehen des Wagens unterstützte. Mit jedem Schritt, den der Bauer dem Dorf näherkam lief der Wagen leichter, und ein wunderbarer Frieden erfüllte sein Herz. Eine Freude, die er noch nie empfunden hatte, machte sich breit. „Verzeih mir", sprach er zu dem Bettler", dass ich dich abwies, nimm dir so viel du tragen kannst von meinem Wagen." Da erwiderte dieser: „Wertlos sind die Schätze, die die Menschen anhäufen, denn nur im Herzen schafft man Reichtümer für die Ewigkeit". Da dämmerte Gottfried, wer sein Wegbegleiter war. „Bitte erkläre mir, wie kannst du Vater, Sohn und Geist in einem sein?" fragte der Bauer. „Versteckte dich nicht der Nebel vor den Rittern? Bedeckte der Schnee nicht deine Weide? Führte das Eis dich nicht über den Fluss? Und doch ist alles drei letztendlich Wasser", antwortete der Bettler und verschwand so geheimnisvoll, wie er gekommen war. Als die Christmesse an diesem Abend vorüber war, wurde der Glauben der Menschen des kleinen Dorfes an Wunder mit neuer Kraft erfüllt, denn vor jeder Tür lagen wertvolle Gaben und dem Fest angemessene Speisen, gespendet von einem Menschen, dem rechtzeitig Herz und Augen geöffnet wurden. Auf seinem Weg zurück zum Hof glaubte der Bauer, ganz kurz einen außergewöhnlich hellen Stern mit Schweif über seinem Anwesen gesehen zu haben. In dieser Nacht schlief Gottfried den friedlichsten und tiefsten Schlaf seines Lebens. Der noch halbgefüllte Goldsack teilte nicht mehr das Bett mit seinem Besitzer und lag achtlos mitten in der Wohnstube. Noch viele Generationen später erzählte man sich an den langen Winterabenden vor dem wärmenden Kamin die Geschichte von Gottfried, dem Bauern, der seinen irdischen Besitz seit diesem Tag mit jedermann teilte und die Menschen lehrte, die Früchte der Liebe nicht am Wegrand verfaulen, die Töne der Freude nicht ungehört verklingen, und die Bilder des Friedens nicht ungesehen verblassen zu lassen, um dadurch zum Lobpreis des Schöpfers und zum Jubel über die Schönheit des menschlichen Lebens zu werden.

Epilog

Gibt es etwas Positives als Nebenprodukt der furchterregenden Corona-Pandemie? Vielleicht die Zeit, sich einmal zu besinnen, wie zerbrechlich das Menschenleben ist. Oder nachzudenken und zu danken für die vielen Selbstverständlichkeiten, die Gott uns täglich schenkt. Sind wir uns der Gottesgaben des täglichen Lebens eigentlich noch bewusst? Sind es die vielen belanglosen Dinge wert, sich darüber zu ärgern? Warum bereiten uns Nichtigkeiten manchmal schlaflose Nächte? In den meisten Fällen müssen wir deshalb nicht einen Happen weniger essen oder Durst leiden. Welches Wunder und welche Freude ist dieses Leben für den, der mit offenen Augen durch die Welt geht. Freuen wir uns am Erwachen der Natur. Zehn Minuten den Vögeln beim Sonnenaufgang zu lauschen, erzählt mehr vom Leben und von Gott, als alle Talkshows oder abstumpfenden Unterhaltungssendungen unserer schönen neuen Medienwelt. Der große Lottogewinn, der berufliche Erfolg, der erste Platz schenkt uns nicht eine Minute mehr an Lebenszeit. Doch wir können in den Herzen der Mitmenschen unauslöschliche tiefe Spuren der Liebe hinterlassen. Spuren der Rücksicht, der Zärtlichkeit, der Vergebung, der Nähe, der Hilfe, gerade in dieser Zeit. Sie bringen mehr Leben in unser Dasein, als toten Dingen nachzujagen. So werden wir Zeugen für unseren Glauben und quasi die Visitenkarte für Jesus Christus. Wie oft gehen die Wunder der Schöpfung im Alltag an uns unbeobachtet vorbei? Was ist wirklich wichtig? Vielleicht gehst du heute das letzte Mal mit deinem Kind schwimmen, ohne es zu ahnen, weil es erwachsen wird und du es nicht festhalten kannst. Vielleicht hilfst du das letzte Mal deinem Nächsten, weil er alt ist und sein Leben sich dem Ende schneller nähert, als du denkst. Alles ist nicht nur das erste Mal, sondern auch irgendwann unwiderruflich das letzte Mal. Wie viel Freude und Liebe kannst du in diese Welt bringen! Wenn du also heute erwachst, dann freue dich, dass du ein Teil dieser wunderbaren Schöpfung sein darfst. Betrachte den vor dir reich gedeckten Tisch, die Speisen und Getränke und werde dir einmal bewusst, welches Privileg es ist, in diesem, unserem reichen Land, geboren zu sein. Wenn du auf dem Weg zur Arbeit bist, betrachte mit offenen Augen des Staunens die Farben und Formen der dich umgebenden, förmlich explodierenden, neu erwachenden Natur. Phil Bosmans erzählt, wie die Menschen versuchten, einen Grashalm nachzumachen. Das Ergebnis war ein totes Stück grüner Kunststoff. Die echten Grashalme hingegen sind ein Wunderwerk Gottes, das jedem Menschen Gottes Existenz beweist. Sei an dem Platz, an den Gott dich gestellt hat, ein Mensch, der Freude, Frieden, Sanftmut, Güte und Liebe verströmt. Stimme nicht mit ein in den Chor der Miesepeter, die aus jeder Mücke einen Elefanten machen. Sei gelassen, wenn du auf Fehler triffst und sei dir bewusst, auch du bist nicht perfekt. Kritisiere nicht am Nächsten herum, sondern sei nachsichtig, wie andere mit dir nachsichtig sind. Jesus sagt: „Sieh auf die Balken in deinen Augen, bevor du die Splitter in den Augen der anderen bemängelst". Schenke denen, die dir heute begegnen ein Lächeln, ein liebes Wort oder gar eine Umarmung. Auch denen, bei denen es dir schwerfällt. Vielleicht brauchen gerade sie es besonders. Erwarte keine Gegenleistung und durchbreche den Kreis der emotionalen Kosten-Nutzen-Rechnung. Jesus sagt: „Und wenn jemand mit dir rechten will und dir deinen Rock nehmen, dem lass auch den Mantel. Und wenn dich jemand eine Meile nötigt, so geh mit ihm zwei. Gib dem, der dich bittet, und wende dich nicht ab von dem, der etwas von dir borgen will". Wer das beherzigt wird Barrieren überwinden und Mauern zum Einstürzen bringen. Vergeude die Zeit nicht mit der ununterbrochenen Berieselung durch die Medien. 90 % der Informationen sind unwichtig und dienen nur dazu, dich zu fesseln, dich zu unterhalten, dir deine besser zu nutzende Zeit zu stehlen und dir den Konsum von Dingen zu empfehlen, die du eigentlich nicht brauchst. Nutze die Zeit, um Einsame zu besuchen, Armen zu helfen, Fremde zu unterstützen, junge Menschen zu formen, Trauernde zu trösten und alten Menschen Wertschätzung zu geben. Dann bringst du Wärme in eine kälter werdende Zeit. Übe dich in Dankbarkeit, sei demütig und gib dem Größeren, der uns versorgt, die Ehre, die ihm gebührt. Er beschenkt jeden, der ihn bittet, mit innerem Frieden, Hoffnung, Trost, Gelassenheit und Lebensfreude. Ein Leben mit Jesus hat eine Tiefe, die keine Menschen und keine Dinge geben können. Der Mensch denkt, was nichts kostet, kann nichts sein. Jesus ist umsonst und der einzige Reichtum, der die Welt überdauert. In manchen Momenten des Lebens erhaschen wir einen winzigen Blick ins Paradies. In manchen Momenten des Lebens zwingt es uns, einen Blick in die Hölle zu werfen. Himmelhoch jauchzend, zu Tode betrübt und alles dazwischen ist dieses unser Leben. Ist der Sinn dieser kurzen Zeitspanne Besitz zu sammeln, Anerkennung von Menschen zu ernten, sein Recht durchzusetzen? Du sollst den Herrn, deinen Gott, lieben. Du sollst den Nächsten lieben, wie dich selbst. Beides wären Gebote, die, so sie denn ernsthaft angewendet würden, die Welt friedvoller und schöner gestalteten. Versuche in jedem Menschen, der dir begegnet, ob griesgrämig, ob aggressiv, ob böse oder misstrauisch diesen Nächsten zu sehen. Sei gütig und vergib immer wieder, so wie Jesus es predigte. William McDonald sagt: Vergebung ist das Parfüm, dass die Blume an dem Fuß hinterlässt, der sie zertritt. Vor allem sollte uns bewusst sein, dass für viele Mitmenschen die einzig wahre Botschaft des Evangeliums keinerlei Bedeutung mehr hat und vielen Kindern vorenthalten wird. Der Mensch ist ein winziges Sandkorn in Raum und Zeit und trotzdem kennt der Schöpfer jeden und geht ihm ein Leben lang nach. Wir wollen als Christen auch nach dieser Zeit der Angst, der Dunkelheit, der Hoffnungslosigkeit Zeugen sein für den, der der in der Bibel immer wieder spricht: „Fürchtet euch nicht!" Jesus Christus. Nutzen wir die Chance und versuchen göttliche Salzkörner unter ungewürzten Speisen zu sein.

Weitere Bücher, die derzeit im Internet (auch als E-Book) oder im Buchhandel (im Book on Demand Shop versandkostenfrei) erworben werden können:

Bittersüßes Menscheinander
Humorvoller und besinnliche Gedichte eines Dorfpoeten aus 20 Jahren.

200 Seiten/ ISBN-13: 9783848224364/ Verlag: BoD/ 2017

Was ein Kind braucht
Gedichte über Kinder

64 Seiten/ ISBN-13: 9783748170846/ Verlag: BoD/ 2019

Wenn Jesus in das Leben kommt
Christliche Gedichte

104 Seiten/ ISBN-13: 9783752857306/ Verlag: BoD/ 2020

Jesus, Weg, Wahrheit, Leben
Gedichte und Zitate

132 Seiten/ ISBN-13: 9783756822096/ Verlag: BoD/ 2022